Madres y padres influencers

EVA BACH y MONTSE JIMÉNEZ

Madres y padres influencers

50 herramientas para entender
y acompañar a adolescentes de hoy

Grijalbo

Papel certificado por el Forest Stewardship Council®

Primera edición: septiembre de 2019

© 2019, Eva Bach Cobacho y Montse Jiménez Vila
© 2019, Penguin Random House Grupo Editorial, S. A. U.
Travessera de Gràcia, 47-49. 08021 Barcelona
Publicado por acuerdo con International Editors Co
© Gemma Ventura Farré, por el prólogo
© Jaume Funes, por el prólogo

Printed in Spain – Impreso en España

ISBN: 978-84-253-5788-6
Depósito legal: B-15.227-2019

Compuesto en Pleca Digital, S. L. U.

Impreso en Black Print CPI Ibérica
Sant Andreu de la Barca (Barcelona)

GR 5 7 8 8 6

Penguin
Random House
Grupo Editorial

A Marc y a Adrià. A los otros amores de mi vida (vosotros sabéis quiénes sois...). Y a la vida misma. Gracias infinitas por tanto

EVA

A Mario, el mejor capricho del azar. A Anna y a Clàudia, eternamente invencibles

MONTSE

Índice

PRIMERA PARTE

Con luz propia. Comenzar por uno mismo

SEGUNDA PARTE

Vínculos que acarician. La relación con los otros

TERCERA PARTE
La huella que quiero dejar. El propio lugar en el mundo

Prólogo de Gemma Ventura Farré

La luz que le faltaba

Tengo una hermana encantadora de dieciocho años que sé con toda seguridad que me enviaría a pasar un mes a la otra punta del mundo cuando le insinúo —casi sin querer— qué debe hacer. «Es que no te soporto cuando me hablas así, ¿eh?» El otro día dormimos las dos en la misma habitación, en camas separadas. Ella estaba triste, pero no tenía ganas de hablar, de modo que, a través de mensajes de WhatsApp, poco a poco, me fue explicando el motivo de sentirse «como en un pozo lleno de oscuridad». La situación era muy curiosa: las dos estábamos a dos metros de distancia, calladas, tecleando, y, a medida que pasaban los minutos sentía cómo ella sonreía, hasta que, en mitad de la noche, volvió la luz que le faltaba.

Lo rememoro mientras leo este libro: sí, nuestros adolescentes no quieren sermones, pero ¿quién demonios los quiere? No existe nada más insoportable que oír que te dicen: «Si haces esto, te la pegarás», «Debes hacer esto y esto y esto». Tal vez, valdría la pena recordar que la vida es imprevisible, indomable e irrepetible, y que el atajo que a ti no te ha llevado donde tú querías ir, a lo mejor a mí sí me llevará. El caminillo que sube por aquí, aunque pueda parecer extraño, demasiado sinuoso y poco definido, es el mío. I para ascenderlo no necesito tu «no» (tu miedo), sino tu «sí» (tu confianza).

Este libro es un elogio de las personas que, en el momento clave, nos dan un buen empujón y nos dejan su huella. Las que, discretamente, se dedican a influir —más con el ejemplo que con la palabra— para fluir mejor. ¿Cómo son? ¿Qué es lo que las hace especiales? Pensando en mis faros, diría que son felices con lo que hacen y con lo que son. Van a favor de la vida y, por lo tanto, te ayudan a remar a tu favor.

Creo que tiene todo el sentido del mundo que los jóvenes de hoy en día pasen de escuchar a «personas amargadas, estresadas y frustradas». Vaya, yo en su lugar tampoco lo haría (para no acabar como ellas). Y por eso este libro nos invita a situarnos delante del espejo para preguntarnos si estamos contentos con la vida que llevamos. Si nuestro modo de actuar frente al día a día (¿con alegría?, ¿con resignación?) les sirve de ejemplo. Si estamos conectados de verdad con el ahora o vamos pululando sin energía de un lado a otro. I mirad qué bonito lo que nos proponen: reavivar nuestra luz.

Mi hermana está en segundo de bachillerato y mira hacia el futuro con ilusión. Quiere tener un trabajo que le permita viajar a menudo, tiene mucha vitalidad y ganas de abrirse un camino. ¿Quién se atrevería a domesticarla? Tal vez ha llegado el momento de desoxidarnos, de dejar de creer que por ser mayores tenemos más razón, y de adoptar un papel menos invasivo, que no por eso tiene que ser menos profundo: el de acompañante. Que ni te pasa por encima, ni te empuja por detrás, ni te decanta hacia un lado. Que está presente —ya sea cerca de ti o al otro lado de la pantalla— para escucharte, respetarte e impulsarte.

Eva Bach y Montse Jiménez son dos personas comprometidas con la belleza de vivir. Tienen optimismo y generosidad de sobra para regalarnos nada menos que cincuenta maneras para influir de verdad. Y si ellas nos proporcionan unas buenas herramientas, ahora es necesario que nosotros tengamos unas buenas manos.

GEMMA VENTURA FARRÉ,
periodista y maestra

Prólogo de Jaume Funes

Si piensas en tus contradicciones, te querrán

Si lees este libro te lo pasarás bien y... volverás a sentir que puedes ser joven. Si vives entre adolescentes (angustiado como padre o intentando ser educativamente útil como profesora), estas páginas te recordarán que cada día puedes descubrir que el sol sale de una manera distinta.

Si estás leyendo es porque intentas educar vidas adolescentes. O tal vez porque te sientes perdida o perdido y no quieres, de ningún modo, compartir el discurso siempre conservador que afirma que los niños y adolescentes se ven afectados negativamente por culpa de tantos cambios en nuestra sociedad. No odias el móvil, pero te gustaría que tu hijo te mirase a ti con la misma cara con la que mira la pantalla de su teléfono.

Este libro empieza por recordarnos que, cuando todo cambia, no tiene sentido sentir nostalgia por el pasado. Al contrario, debemos preguntarnos cómo tenemos que seguir educando inmersos en las nuevas realidades. Parece frustrante que miren más a un *youtuber*... con 5 millones de seguidores. Abandona la frustración y haz lo que te proponen las autoras: intentar descubrir los atractivos que hay detrás. Cuando hace poco charlaba con mi nieta sobre Paula Gonu (encontrarás la referencia en la pág. 30), ella me hizo callar diciéndome: «Abuelo, te da otra perspectiva». Como he repetido a menudo, no puedes ser adolescente sin un smartphone. Quieras o no, educas adolescentes digitales, en dimensiones virtuales y en la red (también en la presencialidad de los abrazos imposibles y en las seguridades de las miradas acogedoras).

Página tras página sentirás que en primer lugar debes observar las vidas adolescentes e intentar escuchar lo que te dicen. Como siempre deberías haber hecho, pero ahora descubriendo nuevas dimensiones, perspectivas, sentidos. No son exactamente las vidas que tú (que no quieres sufrir) querrías que tuvieran, pero son vidas que se desarrollan en una realidad apasionante, contradictoria, arriesgada, sometida a muchas presiones, sobre todo las del mercado y los dogmas. Al leer verás que no es imposible. Educar siempre ha consistido en tratar de influir honestamente en otras vidas y ahora lo que te proponen las autoras de este libro es que tengas en cuenta las dimensiones influencer.

Ciertamente, no, no es tan fácil. Pero no es culpa de la sociedad de internet. No es fácil porque, como siempre, los adolescentes nos descolocan, nos hacen preguntas impertinentes, nos obligan a revisar nuestras vidas. Hace tiempo que desapareció la posibilidad de utilizar catecismos, manuales de urbanidad, reglas de buena educación. Y ahora, además, son imposibles. La hipocresía, la incoherencia, los contrasentidos de vidas sin sentido, el poder de la autoridad, etc., se han vuelto todavía más imposibles cuando las paredes de la vida pueden ser transparentes.

Estás a punto de leer un libro que te hará feliz. Sobre todo porque te obligará a pensar en ti. Te obligará a tener tiempo para dudar, pensar, descubrir emociones y sentimientos, cuestionarte los sentidos de tu vida... Solo así podrás ayudar a tus adolescentes a encontrar sus propios sentidos.

JAUME FUNES,
psicólogo y educador

Un influencer es un profesor que consigue que sus alumnos disfruten con sus clases. Una influencer es tu madre cuando lee a tu lado para inculcarte el hábito de la lectura.

LA VECINA RUBIA, influencer

Nadie apuesta por los jóvenes.

EL RUBIUS, youtuber

Don't be a salad, be the best goddamn broccoli you could ever be.

PEWDIEPIE, youtuber

Introducción

¿Por qué y para qué hablamos de madres, padres, educadores/as y adultos/as influencers?

> Hay que trabajar para la felicidad de los padres, para que la transmitan a los hijos.
>
> BORIS CYRULNIK

> Las adolescencias cambian constantemente con una única constante: adultos desconcertados.
>
> JAUME FUNES

> Nuestra tarea es abrir, abrir y abrir. Y dar herramientas para entender la complejidad, para no tener miedo, para cuestionarnos a nosotros mismos y para no tener nunca verdades absolutas.
>
> JUDIT CARRERA

Lo que tenéis en las manos es una herramienta para entendernos mejor entre todos.

Para conectar con las nuevas realidades emergentes, para actualizarnos y poder acompañar mejor la vida de nuestros y nuestras adolescentes.

Para atender y entender lo que pasa por dentro y aceptar con más serenidad lo que llega de fuera.

Para asumir la maravillosa imperfección de nuestra vida en lugar de aspirar a una vida perfecta.

Para acompañar a los que nos dedicamos a acompañar.

Porque también nosotros necesitamos nuestros propios influencers.

1

Sé influencer tú también: actualiza tu app

Para educar a los jóvenes de hoy hacen falta adultos de hoy que los quieran, que los entiendan, que entiendan el mundo actual y que se entiendan a sí mismos. Adultos versátiles, abiertos a la vida, al cambio y a la transformación constante —a la transgresión, incluso—; capaces de aprender continuamente, dispuestos a abandonar certezas, prejuicios y patrones de comportamiento obsoletos. Adultos conectados, en primer lugar, con su ser, conscientes y comprometidos con el mundo, y, en segundo lugar, con el autoconocimiento y el equilibrio emocional propio, para llevar a cabo una buena transferencia educativa.

La adolescencia no es un trastorno, sino el despertar pleno a la vida y a sus grandes cuestiones. Los romanos definían al adolescente como «el que trae el fuego de una nueva vida». Los adultos de su entorno también tenemos que renovarnos aprovechando esta nueva vida que traen chicos y chicas adolescentes. La relación que se establece entre el adulto, que etimológicamente significa «el que está crecido», y el adolescente, que significa «el que está creciendo», es indispensable para que el segundo crezca bien y el primero siga creciendo.

Lo que el adolescente hace sin saberlo ni proponérselo con este «fuego nuevo» es señalarnos cuestiones que no tenemos muy claras o en las que necesitamos evolucionar. Muchos adultos, en lugar de mirarlo así, lo vivimos como una amenaza y queremos domesticarlos para que no desmonten nuestras certezas ni nos obliguen a salir de nuestra zona de confort. Esto es exactamente lo que ellos denominan «adulto intransigente» y es una de las cosas que menos le gusta a un 26 % de los chicos y chicas que henos encuestado para este libro. «Tenemos que aprender de los jóvenes [...] y no tener miedo de que se nos desdibujen los propios límites y la propia identidad», dice la directora del Centro de Cultura Contemporánea de Barcelona, Judit Carrera.

Es urgente actualizarse. Estamos educando con unos parámetros, una mentalidad y un lenguaje que muy a menudo no conectan con los adolescentes actuales. O evolucionamos, crecemos y nos actualizamos de forma constante, o perderemos toda posibilidad de influencia y credibilidad para con los adolescentes.

Si tenemos la sensación de que las redes sociales y las plataformas en línea tienen más poder que nosotros sobre la educación de nuestros hijos y alumnos, ¿no será que, de alguna manera, nosotros (madres, padres, maestros, adultos en general...) hemos perdido el nuestro?, ¿o que no sabemos usarlo bien porque no estamos en la onda en la que hay que estar en estos nuevos tiempos donde todo ha cambiado? En esta etapa en la cual los referentes siguen siendo esenciales, nosotros tenemos que poder ser una de sus principales influencias.

Debemos preguntarnos por qué a veces se tragan los vídeos, imágenes, palabras... de sus influencers preferidos, pero no consiguen prestarnos atención o escucharnos un minuto seguido a nosotros. No se trata ni de lamentar el cambio («Qué será de nuestros jóvenes», decía ya Platón en la antigua Grecia), ni de sufrirlo (tiene elementos muy positivos) ni de desconfiar de los jóvenes (llevamos milenios haciéndolo). Se trata de ver de otra forma y de comprender la nueva realidad que cada generación va trazando, para poder guiarla y acompañarla hacia una vida más plena y vibrante; hacia una buena sintonía con ellos mismos, con los demás y con el mundo.

Comprender a las nuevas generaciones implica entender que se rigen por patrones de funcionamiento muy diferentes de los nuestros. Estamos en completa sintonía con Pablo Rodríguez, doctor en Informática y autor del libro *Inteligencia artificial. Cómo cambiará el mundo (y tu vida)*, cuando dice que se trata de «un nuevo modelo de pensamiento, un nuevo paradigma de estudio, trabajo y aprendizaje, y un nuevo modelo generacional que no había visto antes y que me fascina». Nos gusta mucho que, en lugar de recrearse con una lista interminable de adjetivos descalificadores sobre los millennials y postmillennials, los defina como autodidactas, proactivos, emprendedores, e implicados en iniciativas con impacto social y medioambiental, entre otras virtudes; capaces de hacer a la vez y desde el principio lo que nosotros hemos hecho en un proceso lineal que ha durado décadas.

Nos encontramos ante un gran reto en el que todos en general debemos implicarnos, no solo las personas vinculadas direc-

tamente con la educación. En un mundo global e hiperconectado, todo influye y educa. Han quedado atrás los tiempos en que
la tarea de educar quedaba relegada solo a la familia o a la escuela.
Nosotras, con este libro, os ofrecemos la que consideramos una
buena opción para quienes creemos en los jóvenes, los queremos
y deseamos ayudarles a formarse en un entorno positivo: convertirnos también en influencers; en los adultos conectados que estos nuevos tiempos exigen.

Pero no sufráis: no pretendemos que os abráis una cuenta en
YouTube y os dediquéis a grabar vídeos para vuestros hijos y
alumnos —aunque en algunos casos funciona, sería bastante pa-
tético *flipear* (invertir) la educación al cien por cien—. No. No
hace falta convertirse en youtubers o instagrammers. Tampoco
se trata de luchar contra ellos, ni de desbancarlos ni de que los
sustituyan por nosotros (ya nos tienen en VO). Pero sí que puede
ser bueno plantearse qué buscan y qué encuentran en las pantallas y en sus nuevos ídolos; qué les podemos ofrecer nosotros que
sea poderoso; qué actitudes, herramientas, recursos y mensajes
nos hacen falta para vivir y educar mejor; cómo podemos influir
en ellos positivamente para que a su vez sepan escoger las influencias más positivas para su vida.

2

HolaSoyGerman, PewDiePie, elrubiusOMG, Yuya, Dulceida, Sirjoan...

¿Los conocéis? Vuestros hijos y alumnos seguro que sí; os podrían dar una masterclass. Son algunos de los youtubers más influyentes: mueven el mercado del ocio y los juegos, la moda, los viajes, las startups o los negocios, entre muchos otros; revientan las listas de audiencia, movilizan al público en masa y marcan tendencias; transmiten conocimiento y opinión, contagian formas de vida y difunden patrones de relación; conectan con un público cada vez más joven y, en un mundo hiperconectado como el nuestro, su voz se propaga a una velocidad trepidante. Son los denominados influencers, que, especializados en temáticas variadas, difunden su saber, su sentir y su talante a millones de seguidores fieles desde prácticamente toda la geografía.

Cabe mencionar algunas cifras. A mediados de 2019, el youtuber con más seguidores del mundo, PewDiePie (Suecia), tenía más de 96 millones de seguidores. El segundo, HolaSoyGerman (Chile), más de 39 millones. El tercero, elrubiusOMG (España), casi 35 millones. La primera chica que aparece en la clasificación, en octavo lugar, es Yuya (México), con más de 23 millones, según datos de la BBC News. Sus vídeos suman miles de millones de visualizaciones. Habéis leído bien, sí: ¡miles de millones! Los del sueco PewDiePie, por ejemplo, más de 17.000 millones. Los tres más vistos en España —elrubiusOMG (tercero del mundo), Vegetta777 y TheWillyrex— tienen en estos momentos más de 39, 26 y 15 millones de seguidores, respectivamente. Entre los cuatro catalanes más vistos, Auronplay (Badalona) tiene más de 15 millones de seguidores; ElRincondeGiorgio, más de 8, y 8cho y Tri-line, más de 4 (todos de Manresa). En el caso de nuestro trabajo de campo, Auronplay lidera la clasificación de seguidores entre los chicos (que se decantan mayoritariamente por los youtubers) y Dulceida y Paula Gonu lo hacen entre las chicas (que prefieren a las instagrammers).

Seguramente también se cuentan en millones los adultos rayados con todo este mundo, que lo combaten o hacen como si no existiera, sin darse cuenta de que quizá ellos —nosotros— rayan a los adolescentes, ni de que precisamente nuestra resistencia y nuestro desconocimiento pueden hacer que se aboquen, se cierren y se enganchen todavía más a él. ¿A qué grupo pertenecéis vosotros? ¿Sois de los que habéis pensado: «¡Ni hablar!», o de los que habéis sentido un poco de curiosidad por conocerlo?

Nosotras hemos abordado este fenómeno porque para conocer y comprender mejor a los jóvenes hay que saber qué les interesa. Hemos dejado a un lado los prejuicios y nos hemos preguntado qué buscan los millennials y la denominada «generación Y» en esta nueva tipología de ídolos, una tendencia que seguro irá en aumento teniendo en cuenta que los que vienen detrás, los niños y las niñas nacidos a partir de 2010 (la «generación alfa»), han crecido en un entorno hipertecnológico. La socióloga Liliana Arroyo señala que todas estas generaciones tienen en común «una manera de entender el mundo muy personalizada y atenta a sus deseos. [...] No creen en superestructuras demasiado grandes, lejanas, jerárquicas y desconectadas de la gente».

Todo esto nos lleva ineludiblemente a plantearnos nuevas formas de vincularnos y relacionarnos, formas más adaptadas a las necesidades de estas nuevas generaciones y del mundo actual.

3

Qué buscan, qué encuentran

«Antes de enseñar cualquier cosa, a quien sea, al menos es necesario conocerlo. ¿Quién entra hoy en la escuela, en el instituto, en la universidad?», dice Michel Serres. O en casa, podemos añadir. Para educar a los jóvenes primero tenemos que conocerlos y comprender qué los mueve. Si no queremos convertirnos en outsiders y quedarnos al margen de la vida de nuestros jóvenes, hay que superar alergias y prevenciones relacionadas con los temas que de verdad les importan, así como extraer algunas claves del éxito que el fenómeno de los influencers está demostrando.

Los tópicos y descalificaciones que se asocian a los jóvenes de hoy en día no les hacen justicia. Para que nuestra influencia sea positiva, tenemos que creer en ellos, dialogar y escucharlos. Y esto es lo que hemos hecho. Además de pasarnos horas en YouTube viendo lo que ellos ven, hemos realizado un trabajo de campo con más de mil quinientos adolescentes para sondear algunos de los temas que más les importan e influyen. Iremos desgranando cuestiones que dan que pensar y otras que nos han sorprendido, como que, aunque normalmente no asociamos

YouTube con contenidos científicos, educativos o culturales, hay youtubers y canales de este tipo con millones de seguidores, como José Luis Crespo y su canal QuantumFracture sobre física teórica, o Martí Montferrer y CdeCiencia.

Una de nuestras reflexiones es que una parte de lo que buscan los jóvenes en estas personas y en estas plataformas es lo que no encuentran en nosotros ni nuestro entorno. Como decíamos antes, no hace falta convertirse en youtubers o instagrammers, ni que hablemos o actuemos como ellos. Entre otras razones, porque nuestra función es otra. Pero hay algo de los influencers de lo que sí tendríamos que tomar nota: la valentía de ser un mismo, de vivir la vida a su manera y de hablar de todo sin pudor. Un ejemplo. Cuando le preguntan a Dulceida qué se le da bien, ella responde: «Ser yo». No lo olvidemos, porque quizá sea una de las claves de su éxito. Muchos de estos chicos destilan autenticidad, muestran sus complejos sin complejos y se expresan sin trabas ni tabúes. Entre sus palabras descubrimos retales de coraje, ternura, belleza, alegría de vivir, humor, amor e incluso verdad y crítica social ingeniosa y aguda. El Rubius anda por la calle dando las gracias, Auronplay califica de «antros» las discotecas; Laura Escanes alaba la entrega y la intensidad porque son pura vida... Muchos son auténticos torbellinos de vitalidad y ligereza, con toques pertinentes y a veces muy sutiles de profundidad. Aunque no siempre. Hay de todo como en todas partes. También mentira y apariencia (algo de lo que hablaremos más adelante). Pero estas cosas no son exclusivas de las redes, también las hay fuera. Y, como mínimo, deberíamos reflexionar sobre el hecho de que sus seguidores destacan por aspectos como la naturalidad, la simpatía o una forma de comunicarse directa y espontánea; o simplemente por lo que dicen, incluso en aquellos casos en los que su personalidad no los convence.

Y nosotros, ¿cómo nos estamos comunicando? ¿Qué mensajes les estamos transmitiendo y proyectando? Lo habitual es que lo que dicen los influencers tenga *flow* y lo que decimos nosotros sea «chungo». El reto es cómo lograr que nuestros mensajes tengan *flow* y que nosotros —o nuestra vida— alcancemos la categoría de influencers.

4

Cuanto más «en las nubes» nosotros, más «en la nube» ellos

Una profesora de secundaria pasó a los alumnos unas fichas para cumplimentar unos datos a principio de curso. En la casilla «Dirección», la mayoría pusieron su correo electrónico. Es evidente que su ubicación es diferente a la nuestra. En un sentido estrictamente tecnológico, se puede decir que «viven en la nube», lo cual no quiere decir que vivan en las nubes.

Los adolescentes se enganchan a las pantallas porque les interesa la vida. Paradójicamente, a veces también porque han perdido el interés en ella. Pero la mayoría se pasan horas ante ellas para sentirse conectados. Los jóvenes tienen el cerebro social más activado que los adultos y acuden a las redes a buscar la conexión que les hace falta, así como la recompensa inmediata de satisfacer la necesidad de reconocimiento que todos tenemos (en la adolescencia especialmente) y que, demasiado a menudo, no encuentran o no ven en nosotros.

Cuanto más «en las nubes» estemos nosotros, más en «la nube» están ellos. Si madres, padres y educadores estamos desconectados de lo que es esencial, los jóvenes se desconectan de nosotros y se enganchan todavía más a las redes. Su vida y la nuestra transcurrirán cada vez más en paralelo si nos desconectamos de su mundo y no sabemos transmitirles las delicias del vivir ni las herramientas necesarias para hacer de la vida una bella historia.

Las revoluciones tecnológicas, sociales y culturales de los últimos tiempos han configurado una mirada nueva hacia la dimensión de la persona y la manera de entender las relaciones, el mundo y la vida. Una nueva mirada que tenemos que atender, entender y, por encima de todo, saber transmitir y comunicar, porque también la comunicación ha sufrido cambios a los que no podemos vivir ajenos. No podemos aferrarnos a nuestra manera de ver las cosas, menos todavía si nos hace infelices. Ni somos poseedores de la única verdad ni el mundo tiene que ser como nosotros lo entendemos.

En la era actual, la mayoría de los y las adolescentes y muchas personas adultas tienen una identidad híbrida, doble, construida a partir de la conexión y la interacción con la realidad presencial y la realidad virtual. Se produce un trasvase constante entre una y otra y nuestra identidad es el resultado de su fusión. Prescindir o menospreciar una u otra supone andar cojos por el presente y el futuro. Estamos en medio de una era que nos plantea el apasionante reto de armonizar dualidades y de compatibilizar ideas que pueden parecer contrapuestas. Las identidades, los valores y los modelos sociales nuevos son y seguirán siendo híbridos. Es más, tienen que serlo si queremos que sean plenamente humanizadores.

Un ejemplo sencillo y plenamente cotidiano de ambas autoras: ¿podríamos vivir sin conectar virtualmente con nuestros hijos, que están estudiando en Wageningen o en Montevideo, que participan en un curso de surf en Razo, o que se han instalado en un piso de estudiantes en la ciudad? Podríamos, pero no es lo que queremos, porque estos tiempos nos han regalado nuevas posibilidades que queremos aprovechar. Ahora, elevad este ejemplo tan simple y familiar para la mayoría a la potencia que queráis.

La realidad virtual es un mundo con inmensidad de posibilidades y es tan auténtica, intensa y verdadera como la realidad presencial. A los jóvenes les sirve además de laboratorio de ensayo para crear una nueva realidad con los ingredientes imprescindibles que les faltan. Quizá a veces lo que encuentran es solo un espejismo. Pero muy a menudo descubren historias que los acompañan, los acarician, los consuelan, los impulsan o los alientan —si bien a veces también los atormentan o los exaltan—. Los influencers son narradores, han recuperado el arte de contar que muchos de nosotros hemos abandonado. Cuentan historias vinculadas a su mundo personal, que conectan con el de los jóvenes, empatizan con sus miedos y desazones, y, en ocasiones, incluso las calman. Los adolescentes están empezando a crear precisamente sus propios relatos, sus autobiografías, y necesitan voces que los ayuden a construir una buena historia.

¿Nosotros sabemos hacer todo esto? ¿Practicamos el arte de empatizar, emocionar, compartir historias que nos conmueven, que penetran en la piel y nos enganchan a la vida? Solo si tenemos el corazón y la mente abiertos y vibramos con la alegría, podremos ser un buen referente y ayudarlos a hacer de sus instastories verdaderas historias de vida.

5

HolaSoyTuMadre

La revista americana *Psychological Science* publicó en junio de 2018 el resultado de una nueva versión ampliada del famoso test de la golosina de Mischel (realizado por primera vez en los años sesenta), al cual se sometieron novecientos niños de Estados Unidos de diferentes etnias y condiciones sociales. En contra de lo que se suele pensar, los resultados muestran que los niños actuales tienen más autocontrol que cuando se realizó el test por primera vez y pueden esperar más tiempo para conseguir una gratificación. El gran reto educativo no parece tanto entrenar la paciencia como proporcionarles sentido y criterio para escoger bien ante el exceso de estímulos a los que están sometidos.

¿Cómo podemos madres, padres, educadores y adultos en general, que estamos en constante contacto e interacción con nuestros adolescentes, actuar y cultivar una visión de la vida que les llegue y les aporte sentido? ¿Cómo podemos ejercer una influencia poderosa con nuestra manera de ser y actuar? Hay influencers que dan algunas pistas que invitan a reflexionar sobre qué necesidades de nuestros jóvenes están supliendo estos fenómenos. Uno de los vídeos que más nos ha sorprendido en este sentido es de 8cho, reconocido youtuber que hemos mencionado antes. Habla de los ocho servicios más extraños que se pueden comprar por internet, y uno de ellos es alquilar una madre por horas para hablar por teléfono. Si quieres disponer de unas horas más y comunicarte por WhatsApp o que venga a casa, solo hay que incrementar la tarifa.

Después de ver el vídeo, no pudimos evitar preguntarnos cuántos de nuestros jóvenes que ya tienen madre quizá necesiten urgentemente una madre, un padre, un profe, una tía... influencer. O, cuando menos, una actualización de la versión que tienen. Para que no tengan que recurrir a servicios externos, debemos disponernos a actualizar la app de educadores que estamos utilizando con ellos, procurando emitir con nuestra presencia este mensaje: «HolaSoyTuMadre (o TuPadre, o TuProfe, o TuTía) y estoy aquí para ayudarte a vivir una vida bonita y a ofrecerle al mundo tu mejor versión».

¿Cómo abrir las puertas al diálogo de lo que realmente les interesa, les preocupa y les parece fundamental en la vida? En estas páginas os ofrecemos una serie de reflexiones, sugerencias, herramientas y mensajes agrupados en tres partes para ayudaros. La primera trata sobre el cuidado de uno mismo y del ser interior. La segunda está orientada a las relaciones con los demás. Y la tercera se centra en la necesidad de buscar sentido y de encontrar el propio lugar en el mundo.

Planteémonos seriamente cómo podemos dar lo mejor de nosotros mismos y convertirnos en auténticos influencers en sus vidas. ¿Cómo podemos conectar con nuestros jóvenes y conseguir que se subscriban a nuestro canal?

PRIMERA PARTE

Con luz propia
Comenzar por uno mismo

6

Ser faro y puerto

Os invitamos a pensar en la imagen de un faro: cómo son, qué os sugieren y qué sensaciones os desvelan.

Los faros son los centinelas del mar, encendidos por el farero «con luz de luna», en palabras de Miquel Desclot. Siempre atentos y vigilantes, ofreciéndose generosamente a los navegantes. Invitando, nunca exigiendo. Se limitan a mostrarte su luz, te orientan y te señalan los límites. Te dejan seguir tu camino, pero su presencia no pasa nunca desapercibida. Su silueta se recorta como una atalaya entre el mar y el cielo y te hace saber que está allí. Puedes dirigirte hacia él o pasar de largo. Pero, una vez que lo has visto, sabrás que está; recordarás su presencia serena y podrás volver cuando quieras. Aunque los viajeros actuales utilicen sistemas de orientación más modernos, no hay ninguno tan mágico. Ya no realizan las funciones de antaño, pero desprenden una belleza inigualable. Exactamente esto tenemos que ser nosotros, faros que emiten luz y magia propias, diferentes a las que los jóvenes encuentran en las pantallas y dispositivos tecnológicos.

Y ahora os invitamos a pensar en las aguas de un puerto: casi siempre en calma, ofreciendo cobijo y sosiego a los veleros que llegan después de sus travesías, algunas quizá agitadas. Pues, además de faro, también tenemos que ser un puerto seguro que mece y acoge con placidez los vaivenes de la adolescencia. Sus turbulencias no pueden desatar las nuestras y, todavía menos, estas intensificar las suyas. A nuestro lado o cerca de nosotros tienen que poder encontrar reposo para fondear tranquilos y seguros, moldear sus experiencias, aprender de las ya vividas y buscar el norte para las futuras.

En un mundo con tanta diversidad de modelos y referencias, los adolescentes necesitan adultos faro, perfilados nítidamente en sus paisajes y resaltando en la oscuridad, fáciles de encontrar y accesibles. Necesitan puertos seguros, con aguas emocionalmente en calma que templen sus miedos y su agitación. Que los inviten a hacer una pausa, a reflexionar y a aprender a distinguir lo esencial de lo insustancial. Necesitan adultos que «son» y que «están».

Si queremos influir en ellos, debemos tener presentes estas dos imágenes. Convertirnos en faro y puerto, y, para serlo, solo hay un camino: empezar por nosotros mismos. Buscar la ayuda que nos hace falta y dar los pasos necesarios para reavivar la propia luz y reconectar con nuestra calma.

7

Y yo, ¿qué debo dejarme enseñar por ellos y ellas?

Invertimos muchas horas pensando en cómo educar, qué conviene enseñar a los chicos y chicas, qué decirles y cómo decirlo para que les llegue, cómo transmitirles la sabiduría que consideramos indispensable para vivir en este mundo.

¿Y nosotros? ¿Prestamos la misma atención a lo que nos conviene aprender?

¿Os habéis preguntado alguna vez qué nos pueden enseñar ellos?, ¿en qué nos tenemos que dejar transformar? ¿Se lo habéis preguntado? Nosotras sí, y hay tres grupos de respuestas que nos han dado y que lideran la clasificación. El primero hace referencia a la necesidad de ser personas de mente abierta, en constante evolución, con un espíritu innovador, no ancladas en el pasado, que entienden las nuevas visiones de la vida y del mundo, y que aceptan los cambios y se adaptan. El segundo grupo nos pide que sepamos divertirnos y disfrutar más de la vida; que escuchemos y seamos empáticos; que no nos dejemos absorber por la rutina, y que no perdamos la energía ni los sueños, tan presentes en la adolescencia. Y el tercero, que actúa como bisagra entre los dos anteriores, apela directamente a nuestro interés por el mundo de las tecnologías y las redes sociales y a saber moverse cómodamente en él. Muchos nos dicen, textualmente: «No nos gusta que estéis tan amargados y estresados», y nos recomiendan «reír más, ser más divertidos y tener más entusiasmo».

Las carencias y el inmovilismo adultos levantan muros y crean abismos entre nosotros y la gente joven. No hay que preguntarse solo qué tenemos que enseñar, sino también qué tenemos que dejarnos enseñar. Convertirse en un buen referente exige estar en evolución permanente a lo largo de la vida, crecer para ayudar a crecer, «educarnos para educar», como señalan la doctora Rosa Casafont y Laia Casas.

¿Queréis ser una influencia sólida y saludable para vuestros hijos, hijas, alumnos y alumnas? Entonces, cuidad vuestro crecimiento y equilibrio emocional; preguntaos qué rigideces tenéis que destensar, qué planteamientos nuevos tenéis que formularos internamente. En lugar de quejarnos y de comparar lo que ellos son y hacen con lo que nosotros éramos y hacíamos a su edad, tenemos que agradecer que sus dudas hagan que nuestras certezas se tambaleen; que sus vaivenes pongan a prueba nuestra entereza; que sus pasiones nos obliguen a revisar y redimensionar las nuestras; que su despertar nos saque de sueños profundos.

El hecho de que ellos estén en construcción nos obliga a emprender reformas para capacitarnos plenamente y revestirnos de credibilidad para ayudarlos a diseñar sus propios edificios y formas de vida totalmente sostenibles.

8

Que tu vida hable por ti

Convertirnos en influencers es más sencillo de lo que pensamos si nos ocupamos algo más de nuestra propia vida y no solo de las suyas.

Seamos nosotros lo que queremos que sean ellos. ¿Queremos que se ilusionen por vivir, aprender y amar? Ilusionémonos nosotros por vivir, aprender y amar. Hagamos que nuestra vida sea testimonio de cuán maravilloso e imprescindible es tener ilusión, sin discursos, sino demostrándolo: vivámosla, irradiémosla, contagiémosla; que la vean brillar en nuestros ojos.

Ser padres y madres no debería convertirnos en actores secundarios en nuestra propia vida y protagonistas en la de nuestros hijos e hijas. Aparcar nuestra vida para programar y dirigir la suya no nos otorga capacidad de influencia, sino que la anula. Nuestra obra más importante no son nuestros hijos o alumnos: es nuestra propia vida. No tenemos que esculpirlos a ellos, sino a nosotros mismos, creando belleza y alegría en nuestra vida moldearemos indirectamente alegría y bellas formas en la suya.

Seremos auténticos influencers si somos iguales como padres, madres, maestros y maestras que como personas; cuando los valores que transmitimos a los jóvenes sean los mismos que aplicamos a nuestra vida y a nuestras relaciones; cuando nuestros mensajes se correspondan con lo que somos y lo que hacemos; cuando nuestros actos no hagan añicos nuestros discursos; cuando no nos hagan falta discursos elocuentes porque nuestra vida hable por nosotros; cuando estemos en evolución constante como personas.

«No se trata de qué hacemos los padres con los hijos, sino de qué hacemos los padres con nosotros mismos», dice M.ª Mercè Conangla. En vez de preguntarnos cómo podemos lograr que nuestros hijos sean amorosos, tiernos, empáticos, compasivos, sensibles, solidarios..., preguntémonos si nosotros los somos y en qué grado.

El prestigioso psiquiatra y escritor chileno Claudio Naranjo cita a Daniel Siegel al respecto: «No hay nada que pueda hacer un padre por los hijos que sirva tanto como conocerse a sí mismo». Y añade lo que decía George Gurdjieff: «¿Quieres ayudar a tus hijos? Trabaja en ti». Para ayudarlos a crecer, tenemos que seguir creciendo también nosotros. Para atender y entender su corazón, tenemos que atender y entender el nuestro. Para ayudarlos a organizar su mundo emocional, tenemos que reorganizar el nuestro.

9

Feliz de ser como eres

¿Cómo andas de autoestima? ¿Te tienes en cuenta o solo te preocupas por los otros? ¿Estás en la lista de personas más importantes de tu vida?

Tenemos problemas de autoestima cuando nos importamos poco o demasiado; cuando no nos gusta cómo somos y también cuando nos consideramos mejores que el resto. Y esto vale también para los hijos. No tenemos que pensar en ellos como los peores o los mejores. Maravillosos, sí. Pero los otros también. Autoestima y empatía deben ir de la mano desde el primer momento. Un estudio de la Universidad de Ohio puso de manifiesto que sobrevalorar a los hijos y hacerlos creer que son más especiales o superiores que el resto no alimenta la autoestima, sino el narcisismo. Eddie Brummelman, investigador de la Universidad de Ámsterdam y uno de los autores del estudio, propone transmitirles afecto y aceptación, pero no la idea de que son superiores a los demás.

La autoestima no tiene que ser alta ni baja, sino sana. Como dice Luis Rojas Marcos, «la hay buena y mala, como el colesterol». No es sano decir «Tú vales para todo» (nadie vale para todo) o «Tú vales más que los demás» (todos valemos para algo). Tampoco es autoestima atribuirte una larga lista de cualidades. Puedes tener muchas y no quererte porque querrías tener otras, pero cuidado con lo que crees que te falta, porque a menudo eso se proyecta en los hijos en forma de exigencias o de altas expectativas, y acaba siendo una carga para ellos que no les deja ser.

La autoestima tiene mucho que ver con la similitud entre lo que eres, lo que aparentas ser y lo que quieres ser. Cuando estas tres cosas convergen o no difieren en exceso, te sientes feliz de ser quien eres. No te ocultas tras máscaras o disfraces porque no te gustas o por miedo a que no te quieran si te muestras tal como eres; ni vives anhelando ser de otro modo. A pesar de tus carencias y debilidades, te sientes bien en tu piel. Esto es crucial para evitar ser esclavos de la imagen y tener que proyectar constantemente lo que no somos en las redes.

En unas dinámicas que hemos realizado con jóvenes de entre diecisiete y dieciocho años sobre sus emociones, a la pregunta «¿Y tú a qué tienes miedo?», uno de cada cuatro respondió que a mostrarse tal y como es y a no ser aceptado.

«La derrota de un adolescente procede de que se deja convencer de su miseria», dice François Muriac (premio Nobel de Literatura de 1952). Nuestra tarea consiste precisamente en convencerlos de su valía y dignidad. Y Dorothy Corkille decía: «La autoestima es el silencioso respeto por uno mismo y la sensación del propio valor». Si sentimos algo tan bonito por nosotros, podremos ayudar a forjarlo en los adolescentes. El silencioso respeto por un mismo requiere aprender a proteger la propia dignidad y a alejarnos de lo que nos hace daño porque nos sabemos vulnerables.

10

«Enamórate» cada día

Enamórate cada día si quieres que a tus hijos e hijas o alumnos les enamore la vida. No es cuestión de que seas un flipado o una flipada, sino de que vean que te sorprendes cada día por pequeños placeres y maravillas del vivir nuevos o por los de siempre pero vistos desde otra perspectiva; de que te vean regalarte momentos solo por el placer de saborearlos; de que cada día te descubran algún pequeño gesto o detalle que les demuestre que te quieres, que te cuidas, que cuidas a las personas y las cosas, que las amas y amas la vida.

Para ayudarlos a construirse un buen itinerario vital, conviene que nosotros y nuestra vida desprendamos cierta «autoridad», en el sentido de que lo que somos y lo que ven reflejado en nosotros tenga atractivo y coherencia. Atraerlos al cien por cien es difícil; quieren ser diferentes de nosotros, sobre todo en la adolescencia. Pero resultaremos mucho más creíbles e influyentes, aunque eso no signifique que nos tengan que copiar, si nos ven felices de ser quienes somos y enamorados de lo que hacemos.

No podemos pretender que los y las adolescentes quieran copiar un modelo si a nosotros nos ha llevado a estar insatisfechos, estresados, quemados o enfadados con el mundo. Un artículo sobre las *soft skills* o habilidades blandas (hablaremos de ello en el capítulo 18) de la revista *Forbes* habla justamente de que las emociones que más frecuentemente nos llevamos al trabajo son la ansiedad, la frustración y el enojo. En nuestro trabajo de campo una de las cuestiones que más censuran y menos entienden de nosotros es precisamente esta insatisfacción con lo que hacemos, que nos genera un estado de estrés permanente. Nos ven aburridos, malhumorados, superados... ¿Les puede aportar algo bueno un mundo adulto dominado por estas emociones?

Puede ser bastante difícil conseguir englobarnos en la categoría de influencers si no representamos modelos de persona y de vida más o menos felices y equilibrados, a pesar de todo. A menudo, nuestras credibilidad y capacidad de influencia se derrumban o se ven seriamente menguadas porque no les gusta lo que ven cuando nos miran. Muchos de los jóvenes que encuestamos hablan de adultos rayados, amargados o empanados. ¿Lo somos? A veces no les gusta la vida que ven en sus adultos cercanos, no quieren convertirse en las personas en que nos hemos convertido nosotros, ni que su vida acabe siendo como la nuestra. En esos casos, muy poco o nada de lo que les digamos atraerá su interés.

Cuando los hijos y las hijas hagan por sistema lo contrario de lo que les decimos y consideramos deseable, preguntémonos qué modelo de persona y de vida les estamos ofreciendo y si no se estarán comportando así con la esperanza y el propósito, muy lícito, de no acabar siendo como nosotros.

¿Cómo podemos pedirles motivación para ir a la escuela, para estudiar, para hacer un esfuerzo, para tejer vínculos afectivos sanos, etc., si a nosotros nos ven desmotivados o, directamente, amargados con el trabajo, la vida o las relaciones?

11

Descubriendo el gozo y el dolor del vivir

Si estamos vivos (si no tenemos el corazón congelado o anestesiado), inevitablemente tendremos crisis vitales y altibajos emocionales a lo largo de la vida. «Querer evitar las decepciones o los sentimientos desagradables es tener objetivos de gente muerta», dice en una charla TED la psicóloga sudafricana Susan David, con un toque de fina y brillante ironía.

Aunque el cerebro adolescente no esté completamente maduro, los problemas adolescentes no son de personas inmaduras; son simplemente problemas de personas, de personas vivas.

La adolescencia es el pleno despertar a la vida. «Un anhelado y temido despertar», en palabras del profesor de filosofía Mariano Royo. O «Un periodo de la vida tan desconcertante como maravilloso», según Daniel Siegel, profesor de psiquiatría de la UCLA y especialista en el cerebro adolescente. Por un lado, los y las adolescentes experimentan el deseo de estrenar la vida de golpe, de bebérsela de un solo trago. Por otro, se sienten abrumados y perdidos ante la complejidad, la inmensidad, la adversidad o la incertidumbre que van de la mano de este despertar y que no son exclusivas de la adolescencia, sino inherentes al hecho de existir.

Todo esto los acompañará siempre. Se les revelan de golpe y por primera vez en la adolescencia, pero son permanentes. En la vida adulta también estarán. El gozo y el dolor del vivir coexistirán siempre.

El hecho de vivir comporta una sucesión normalmente imprevisible de momentos de calma y crisis, de equilibrios y desequilibrios. No hay ningún equilibrio inmutable, permanente. La vida humana está llena de factores desequilibradores, que tenemos que reajustar y nivelar constantemente. La única diferencia entre la adolescencia y la edad adulta es que se supone que los adultos tenemos recursos para lidiar con esos desequilibrios, conservando un punto de equilibrio, es decir, sin que nos desequilibren profundamente. No sin dolor ni confusión, pero sí con la dosis necesaria de paciencia, confianza y lucidez. Tenemos que ser como palmeras, que se doblan, pero no se rompen, porque saben danzar al ritmo de los temporales.

Este es uno de los aprendizajes esenciales de la vida que debemos integrar todos, pero primero nosotros, para poder trasladárselo después a los adolescentes: adquirir habilidades emocionales para hacer frente a las dificultades y seguir amando la vida cuando esta nos hiera. Pero ¿cuáles son estas habilidades? ¿Cómo podremos enseñarlas si muchas veces nosotros mismos no las tenemos?, ¿si a menudo ni siquiera hablamos de lo que nos resulta desagradable?, ¿si no lloramos las penas pensando que así dejarán de existir?

El Search Institute de Estados Unidos establece cuarenta recursos internos (autocontrol, empatía, autoestima...) y externos (apoyo familiar, influencia positiva de otros adultos y de amigos...) que actúan como factores de protección durante la adolescencia. A mayor cantidad de ellos, menos conductas de riesgo. ¿Disponemos nosotros de estos recursos y somos capaces de ayudar a los y las adolescentes a conseguir los suyos?

12

Saldremos adelante si la vida nos hiere

En una revista de ecología emocional cuentan que el médico y escritor Sherif Hetata preguntó a una joven cantante de ópera si le podría resumir en una sola frase su vida. La chica respondió: «Cuando voy andando, caigo, me levanto, caigo, me levanto, caigo, me levanto, caigo, me levanto... Siempre me levanto».

Levantarnos de nuevo y seguir amando la vida cuando esta nos hiere puede ser difícil a veces, pero es absolutamente indispensable. ¿Y cómo se hace?

¿Cómo desarrollar esta capacidad e iniciar a los y las adolescentes en este aprendizaje? Nos corresponde a nosotros ofrecerles pautas, mostrarles los principales factores de resiliencia, los que nos permiten ponernos nuevamente de pie y extraer lecciones de vida de las circunstancias adversas.

Lo primero que necesitamos adultos y adolescentes cuando pasamos por un mal trance es al menos una persona cercana que nos quiera, nos acoja, nos consuele y nos ofrezca un halo de luz en ese momento en que tenemos muy poca o estamos a oscuras. Y si es toda una red afectiva, mejor todavía.

Después, hacen falta una serie de actitudes emocionales que

se corresponden con siete valores esenciales para vivir. La primera, la conciencia del momento y de lo que sentimos; reconocerlo y expresarlo contribuye a menudo a mitigarlo y permite elaborarlo. La segunda, la paciencia para sobrellevar el malestar durante un tiempo, una virtud muy poco común; queremos que las emociones difíciles desaparezcan cuanto antes, con pastillas, si hace falta. La tercera, la esperanza que tarde o temprano pasará de tener la convicción de que nos levantaremos de nuevo, como la cantante de ópera. La cuarta, la confianza en uno mismo, creernos que podemos salir adelante. La quinta, la responsabilidad o la voluntad de hacer lo que esté en nuestras manos para levantarnos y saber pedir ayuda si es necesario. La sexta, la generosidad, no querer contagiar nuestro desaliento; que estemos pasando por un mal momento no quiere decir que la vida no valga la pena o no pueda volver a ser bonita. La séptima, la confianza en la vida, que incluye el deseo y la esperanza de salir de la experiencia con algo más de comprensión, sabiduría, humildad, humanidad, fortaleza, etc., y, en algunas ocasiones, incluso de alegría de vivir, puesto que las penas pueden ayudarnos a valorar y saborear más los momentos buenos.

En cuanto a la salud y el equilibrio mental, lo más importante no es tanto lo que la vida nos trae como lo que somos capaces de hacer con ello. Si ante los golpes de la vida no disponemos de estos mecanismos internos y no sabemos ayudar a los y las adolescentes a activarlos, nos conviene hacer una ITV emocional para restaurar las habilidades que fallan, o bien llevar a cabo un proceso de crecimiento personal para desarrollar las que nos faltan.

13

La honestidad nos hace libres y casi perfectos

¿Eres capaz de decirle a un hijo, hija, alumna o alumno que tiene razón, y no tú, y replantearte tus razones y tu visión del mundo a partir de sus argumentos? «Decirles que tienen razón es oro para ellos», afirma el periodista e influencer mexicano Yordi Rosado. ¿Eres capaz de decir: «Reconozco que a veces me pongo nervioso o grito y no me gusta, así que me comprometo a modificarlo»? Si queremos que sean honestos y afables con nosotros, ha de ser recíproco.

En la jornada Repensar la secundaria, celebrada en Manresa en enero de 2017, se organizó una charla con un grupo de adolescentes. Cuando les preguntaron qué no les gustaba de los adultos, una chica dijo que el hecho de que digamos muchas mentiras, que les hacemos creer que todo es perfecto y que somos perfectos, cuando en realidad no lo somos. Al hacer eso, les estamos enseñando a mentir, concluyó. En nuestro trabajo de campo también hay adolescentes que se quejan de que muchos adultos somos deshonestos porque ponemos por delante de todo el qué dirá la gente y cuidamos solo la apariencia.

Preocuparnos por conocernos, aceptarnos, reconocer cómo

somos y en qué punto de nuestra evolución personal nos encontramos —en vez de ofrecer una imagen impecable falsa— nos otorga credibilidad para educar y favorece una comunicación y unas relaciones más sanas con los adolescentes (y con la mayoría de las personas). Dijimos al empezar que una de las cualidades que destacan los y las adolescentes de los influencers a los que siguen es la autenticidad que desprenden. No todos son auténticos ni todo es veraz, pero sin duda la autenticidad entendida como honestidad es un gran valor que además nos hace más libres. Asumir humildemente que somos vulnerables e imperfectos nos hace más creíbles y, curiosamente, nos otorga un plus de seguridad y fortaleza.

Exponer de corrido este conjunto de actitudes y habilidades que nos ayudan a ejercer una buena influencia podría llevar a pensar que tenemos que ser perfectos, pero eso es imposible. No obstante, hay algo que nos hace casi perfectos: la conciencia o el reconocimiento honesto y sereno de las propias carencias y limitaciones. No se nos puede exigir tener siempre la respuesta, la reacción o la actitud correctas. Pero sí reconocer que no las tenemos. Tenemos que ser conscientes de donde estamos, de lo que nos queda por aprender, de lo que nos conviene mejorar, de las emociones que nos superan, de lo que resulta más sencillo y de lo que se nos resiste algo más.

Si la vida nos ha herido y tenemos la esperanza hecha añicos, tampoco se nos puede exigir una alegría que no tenemos. Pero sí que lo reconozcamos. Debemos tener la delicadeza y la generosidad de evitar que nuestras desilusiones rompan en pedazos las de los y las adolescentes y las personas que nos rodean. Recordemos que los jóvenes no quieren adultos amargados, rayados o frustrados.

14

Un «suficiente» en emociones

Ahora que la terminología de evaluación está experimentando cambios, os proponemos recuperar uno de los calificativos más antipáticos de la graduación clásica de resultados académicos: el suficiente. No os asustéis. Lo reivindicamos solo como unidad de medida estándar de las emociones. A continuación os explicamos por qué.

Cuenta una leyenda cheroqui que el jefe de una tribu estaba manteniendo una conversación sobre la vida con sus nietos y les dijo:

—¡Una gran pelea está teniendo lugar dentro de mí! ¡Hay dos lobos en mi interior que combaten! Uno de ellos es temor, ira, envidia, dolor, avaricia, arrogancia, culpa, resentimiento, mentiras, orgullo y egolatría. El otro es bondad, alegría, amor, paz, esperanza, serenidad, humildad, ternura, generosidad, empatía y compasión. Esta misma pelea está teniendo lugar en todos los seres de la tierra.

—¿Y cuál de los dos lobos ganará? —preguntó uno de los niños al abuelo.

—El que tú alimentes —respondió el anciano.

Es evidente cuál de las dos partes conviene alimentar. Pero, cuidado, porque la primera también debe tener su lugar. Uno de los grandes malentendidos de la educación emocional es querer promover únicamente las emociones que consideramos positivas y eliminar las que entendemos como negativas. La sabiduría emocional no suprime, sino que acoge, comprende y aprende a transformar las sombras. Para desactivarlas o dejarlas en modo avión, primero tenemos que reconocerlas y legitimarlas y, después, saber adoptar formas adecuadas de expresarlas y de canalizarlas. «Está claro que el lobo asusta, pero no por eso debemos dejar a los niños sin él», dice Eva Martínez. Según esta maestra y terapeuta especialista en cuentos, el lobo y otros personajes maléficos, como las brujas o las madrastras, nos ayudan a delimitar en nuestra imaginación todos aquellos impulsos socialmente reprobables, pero que forman parte del mamífero que somos y que necesitan escenarios donde puedan tomar conciencia y ser elaborados responsablemente.

Seguramente, casi todos deseamos tener el máximo de algunas de estas emociones y el mínimo de otras. Pero resulta que, en la mayoría de los casos, la cantidad idónea de cada una no es ni demasiado ni nada, sino suficiente. «Yo no quiero que mis hijas sean felices —dice Mar Romera—, quiero que escojan la emoción adecuada en el momento adecuado y con la intensidad adecuada. Quiero que estén tristes cuando pierden a alguien, porque si no serían unas psicópatas; quiero que se enfaden cuando alguien las pisa, porque, si no, serían maltratadas...». Es una manera un poco chocante pero clara de decir que necesitamos sentir, vivir y expresar inteligentemente todas las emociones.

A nosotras nos encanta un aforismo anónimo que recalca esta idea tan bonita e integradora de contar con todas las emociones en su medida justa:

Ten la suficiente felicidad que te haga dulce,
los suficientes tropiezos que te hagan fuerte,
la suficiente tristeza que te haga humano
y la suficiente esperanza que te haga feliz.

15

Y a ti, ¿qué te hace feliz?

Escribid la palabra «felicidad» en Google y encontraréis millones de entradas en distintos formatos que recogen respuestas de todos los tiempos: desde reconocidos aforismos y manuales hasta infografías o vídeos que lo explican en diez puntos o en los que sean. Os reproducimos una pequeña muestra de citas:

> La felicidad nos espera en algún lugar, a condición de que no vayamos a buscarla.
>
> VOLTAIRE

> La manera más segura de no ser infeliz es no desear llegar a ser muy feliz.
>
> ARTHUR SCHOPENHAUER

> La felicidad es desear lo que tenemos, lo que hacemos, lo que es; no lo que nos falta. [...] Es una felicidad que no espera nada. [...] Se trata de esperar un poco menos y de actuar y querer un poco más.
>
> ANDRÉ COMTE-SPONVILLE

Tengo angustias e infelicidades, pero de todas maneras me hacen feliz estar vivo.

BORIS CYRULNIK

Reglas para la felicidad: algo para hacer, alguien a quien querer, algo que esperar.

KANT

Los romanos tenían dos palabras para la «felicidad»: *felicitas,* que quería decir prosperidad material, y *beatitudo,* que es hacer el bien y dar alegría a los otros.

JOAN MANUEL DEL POZO

El hombre más feliz es el que hace la felicidad del mayor número de sus semejantes.

DIDEROT

Si queréis, podéis añadir la vuestra. Pero la auténtica pregunta, como señalan Labbé y Puech, no es «¿Qué es la felicidad?» —¡nadie lo sabe!—, sino «¿Qué me hace feliz a mí?».

La felicidad, como también dice el profesor y filósofo Joan Manuel del Pozo, va más allá de «no trabajar, cantar, bailar y estar tumbado todo el día». Debemos saber integrar los dos tipos de felicidad que señala Joan Garriga: la pequeña felicidad, aquella que sentimos cuando las cosas nos van como queremos, y la gran felicidad, aquella que experimentamos cuando, a pesar de que las cosas no van bien, seguimos vibrando internamente con la vida. La primera de estas felicidades puede tener que ver, a veces, con cosas externas y ajenas a nosotros. La segunda tiene que ver con un estado interno y una actitud ante la vida que se puede aprender.

Explica Mireia Cabero que entre un 25 % y un 50 % de la predisposición a la felicidad depende de la genética familiar y de la felicidad de nuestros antepasados; el resto depende de cómo hemos aprendido a serlo. Por lo tanto, la disposición a la felicidad es «entrenable».

No obstante, este entrenamiento no es posible hacerlo con un manual en la mesilla de noche o con las consignas de un vídeo. Nuestros jóvenes necesitan que nos convirtamos en buenos entrenadores personales de sus felicidades, y esto implica velar por la propia. La idea de felicidad que transmitimos y contagiamos a los jóvenes es la que nosotros sentimos y vivimos. La más sólida y profunda que podemos promover no es la que viene de fuera, sino la que tiene que ver con estar contentos y agradecidos por vivir.

16

Con la sonrisa incorporada

«Hay algo que tenemos poco en cuenta: el poder transformador de las personas que llevan la sonrisa puesta, que son educadas, que transmiten optimismo, que cuando pasan mejoran el ambiente. [...] Nos conviene recuperar un tono vital y alegre para la vida normal, y guardar la emotividad dramática para las situaciones excepcionales.» Estas palabras del inolvidable Carles Capdevila se adecúan de maravilla a nuestra idea de influencer.

Es posible que los y las adolescentes se pongan dramáticos a veces, pero no soportan —ni les conviene— estar rodeados de adultos adictos al drama y al catastrofismo. En nuestro mundo hay muchos problemas y no podemos ignorarlos ni ser insensibles a ellos, pero, si solo les mostramos una visión derrotista y negativa, lo único que conseguiremos es desmotivarlos o que huyan de nosotros. Y lo que queremos conseguir es precisamente que contribuyan a que ocurran más cosas bonitas y positivas en su entorno.

Los jóvenes son conscientes de las dificultades que les toca afrontar, pero tienen sus miedos y uno de los principales es el miedo a fracasar. Un artículo del World Economic Forum afirmaba, por ejemplo, que el futuro laboral nunca había sido tan incierto. Esto no tiene que ser un hándicap. Este tipo de retos pueden ser una poderosa fuente de motivación, pero solamente si fomentamos una visión positiva y optimista que permita pasar del «No puedo» al «Yo puedo». Martin Seligman descubrió que existe una relación directa entre optimismo y resiliencia. Tenemos que invertir tiempo en educarnos en esa visión positiva y, sobre todo, en contagiarla a los jóvenes. El error más grande, según el escritor irlandés Edmund Burke, es «no hacer nada pensando que puedes hacer poca cosa».

Contagiar y fomentar el optimismo y la alegría no significa estar siempre contento. La alegría es mucho más que una emoción puntual y efímera: es una actitud vital basada en un sí rotundo a la vida, que incluye también la tristeza. «La alegría —dice el profesor portugués José Tolentino— llega cuando cogemos uno de los hilos de la vida, sea cual sea, y somos capaces de traerlo a su momento culminante.»

Pero la alegría también tiene que ver con estallar en carcajadas y ser capaces de reírnos sanamente de las propias limitaciones, que, si acaso nosotros no sabemos verlas, seguro que a los adolescentes no se les escapan. «Mamá, ¿qué te gustaría ser si vivieras?», le pregunta Mafalda a su madre en una viñeta muy aguda que nos demuestra que llevan incorporado un barómetro que detecta de manera infalible nuestro nivel de vitalidad.

17

Lo más importante de tu vida es... tu vida

No es tu hijo o tu hija.

Suena bonito y a cierto romanticismo decir —o que alguien nos diga— que somos lo más importante de su vida. Pero, cuidado, porque una declaración amorosa en estos términos lleva implícita una carga muy pesada. Para la persona que lo dice suele ser indicativo de una dependencia afectiva y emocional bastante grande del otro y sinónimo de una vida personal no plena. Para la persona que lo recibe suele comportar la obligación de tener que suplir ese vacío, satisfaciendo o no defraudando las expectativas que el otro deposita en ella.

Hay quien no tiene vida propia y cuyo único proyecto de vida son sus hijos e hijas; se entrega a ellos por completo y en exclusiva; se sostiene en ellos y les quita la fuerza para vivir. «El hijo es el gran proyecto —dice la periodista y escritora Eva Millet—; es la obra maestra a la cual te dedicas por completo; es un signo de estatus.» Esta es una actitud que supone una responsabilidad excesiva para los hijos y las hijas y para los propios padres; una actitud que normalmente no deja fluir al ser y que en la adolescencia comporta un deseo todavía más grande de alejarse de esta dependencia o sobreprotección. En cualquier relación, y particularmente en las paternofiliales, debemos ser y dejar ser, tener razones propias para vivir, y, cuando pasamos por momentos difíciles, apoyarnos en nosotros mismos y en otros adultos y no en niños y adolescentes.

Que madres y padres tengamos vida propia los beneficia a ellos y a ellas y nos beneficia a nosotros. La vida propia nos salva. A ellos, de nosotros, y a nosotros, del síndrome del nido vacío. Este es mucho más leve y pasajero cuando los padres tenemos pasiones e intereses más allá de los hijos e hijas.

Podemos decirles a un hijo o una hija, a la pareja, al padre o la madre, a un amigo o amiga... que son muy importantes para nosotros, pero no lo más importante de nuestra vida. Podemos decirles que son un sol en nuestra vida, pero no el único. Podemos decirles que nuestra vida es más bonita con ellos, pero no que son nuestra razón de vivir.

Los hijos e hijas no solo serán más libres si nos ocupamos de nuestra propia vida, sino que probablemente nos admirarán más y nos tendrán como referente y seremos una influencia más poderosa en la suya. Como resumen, nos quedamos con una frase de una de las chicas entrevistadas, que admira a su madre «porque ha conseguido ser en la vida lo que ella quería ser».

18

Mira qué hacen en Santa Fe y cinco cartas en la manga

«Las escuelas tendrían que insistir menos en las habilidades técnicas y trabajar más las habilidades de uso general para la vida. La más importante de todas será la capacidad de adaptarse al cambio, de aprender cosas nuevas y de mantener el equilibrio mental en situaciones no habituales.» Así de contundente se muestra el historiador israelí Yuval Noah Harari en su libro *21 lecciones para el siglo XXI.*

Por su parte, el economista y escritor Fernando Trias de Bes, en un artículo en el diario *ARA,* explica el caso de un instituto de Santa Fe, en Nuevo México (Estados Unidos), donde, en lugar de preparar a los estudiantes para un oficio o especialización concreta, los forman en temas muy diversos y priorizan las capacidades transversales (las aplicables a cualquier disciplina y a la vida). Cuando estos jóvenes salgan del centro, no los cogerán por saber realizar un trabajo concreto, sino por ser capaces de aprender cualquier tarea.

Un estudio de la escuela de negocios IESE señala que el 72 % de las empresas tienen problemas para encontrar empleados que se ajusten a los perfiles que necesitan. Las carencias detectadas están relacionadas con los idiomas o las tecnologías, pero las más importantes son las que tienen que ver con las habilidades personales. Donde de verdad fallan es en las ya mencionadas *soft skills* o habilidades blandas: aspectos como la capacidad de comunicación y de trabajo en equipo, la adaptabilidad al cambio, la curiosidad, la iniciativa, la resiliencia o el aprendizaje constante.

Para mantener el equilibrio mental que comenta Harari y adquirir las habilidades transversales que menciona Trias de Bes o las habilidades personales necesarias en el mundo actual, hacen falta cinco cartas que favorezcan una buena partida en la vida, en un mundo complejo, diverso, incierto y cambiante como el nuestro. Para forjar ese equilibrio y ayudar a los jóvenes a forjarse el suyo, tenemos que jugar la siguiente baza emocional: afectividad, resiliencia, autoestima, empatía y asertividad. Son cinco cartas esenciales para estar bien y ejercer una influencia educativa positiva a partir de nuestro bienestar.

Para crecer sobre una base positiva, los y las adolescentes necesitan saber que hay alguien con quien pueden contar. Para quererse, necesitan que alguien los quiera. Para creer en su valía, que alguien crea en ellos. El amor a uno mismo nace del amor que recibimos. Para encarar retos y dificultades, y dar lo mejor de ellos, tienen que saber y sentir que valen. Para levantarse de nuevo cuando la vida los hiere, deben tener un hombro amigo en el que apoyarse. Para tener en cuenta a los otros, cuidarlos y buscar maneras exquisitas de relacionarse en fondo y forma, deben ser tenidos en cuenta, sentirse comprendidos, cuidados y tratados exquisitamente.

¿Tienes estas cinco cartas? Piensa que con los adolescentes no valen los faroles. Solo si te comprometes de verdad y trabajas a diario de manera consciente estas cinco actitudes podrás convertirte en un referente realmente creíble, atractivo y poderoso.

19

Contacta con tacto

Mark Zuckerberg, creador de Facebook, sorprendió a la comunidad y al sector digital cuando, en febrero de 2017, lanzó el manifiesto *Building Global Community*. «Lo más importante que Facebook puede hacer —dice— es desarrollar la infraestructura social para empoderar a la gente para construir una comunidad global que nos beneficie a todos.» Nosotras creemos en el poder de las redes para crear vínculos. Pero no solo en ellas. Si relegamos cada vez más los vínculos al ámbito virtual y descuidamos los físicos, crearemos unos vínculos sin raíces que generarán soledad y deshumanización. Hoy por hoy, y hasta nuevo aviso, las personas seguimos necesitando el contacto físico. Es muy necesario construir una comunidad global, pero todavía lo es más cuidar nuestras comunidades particulares de vínculos íntimos y tangibles, además de los corporales, que hemos convertido en tabú y que a menudo obviamos.

¿Es para ti un hecho habitual y natural hablar con personas de tu círculo cercano, que no sean tu pareja, tus hijos ni tus padres y abuelos, cogiéndoles las manos? Aunque debe ser un tema que tiene que tratarse con gran cuidado y delicadeza, queremos reivindicar y recuperar la importancia vital del contacto físico. En su libro *La empatía es posible,* Anna Carpena cita estudios que demuestran que el hecho de que una persona cercana te sostenga la mano activa las endorfinas, reduce el estrés y la ansiedad, y aumenta la sensación de seguridad y tranquilidad. Pero como socialmente el contacto físico se asocia al sexo, los niños «crecen aprendiendo a "no tocar"», como dice el profesor Mark L. Knapp. Restringimos este contacto hasta inhibirlo y creamos, en palabras de Montagu y Matson, «una nueva raza de intocables». No obstante, esa necesidad sigue viva, porque tenemos lo que se conoce como «hambre de piel» y buscamos satisfacerla aunque sea a través de una pantalla.

El tacto es el primer sentido que desarrolla el feto, y, «si bien etimológicamente significa "contacto físico", tiene un efecto no físico», dice Max van Manen. En la adolescencia —y también en la vejez— adquiere una especial relevancia. Ashley Montagu hace referencia a varios estudios que demuestran que son muchas las mujeres que recurren al sexo para que las abracen y las mimen; es el precio que hay que pagar para satisfacer una necesidad humana esencial que les produce más placer que el propio acto sexual. Montagu menciona a la doctora Elizabeth McAnarney, quien dice que, «en la adolescencia, la necesidad de ser tocada aumenta justo cuando esta necesidad se da por acabada». Esto lleva a muchas adolescentes a una precocidad sexual «orientada más a buscar proximidad y afecto que placer sexual».

No es cuestión de «Ale, venga, a tocarnos», como algunos cursos y terapias actuales preconizan y casi imponen, sino de ser conscientes de lo importante y necesario que es tocarnos y hacerlo de forma sana, es decir, entre iguales, con respeto y con pleno consentimiento. Para habitar en la comunidad global, tenemos que tener también tiempo, habilidades y delicadeza para contactos con tacto.

20

Y si no hay botellón, ¿qué?

Esta pregunta la formuló Javier Elzo en un cuestionario dirigido a jóvenes que le sirvió de base para su libro *La voz de los adolescentes*. Explica que las respuestas que obtuvo fueron de una «simplicidad abrumadora y preocupante», dado que la inmensa mayoría no respondió o dijo que no había alternativa.

En una primera lectura, es evidente que una sola fórmula de pasarlo bien que además gire en torno al consumo de alcohol obedece a una idea muy pobre y restringida sobre cómo pasar el tiempo de ocio y diversión. Pero, si dejamos a un lado la especialidad adulta de censurar por sistema las conductas adolescentes que no entran en nuestros parámetros, e intentamos descubrir a qué responden ciertos comportamientos, como el botellón, nos daremos cuenta que lo que buscan es la satisfacción de determinadas necesidades imperiosas. No solo las que tienen que ver con experimentar, probar sus límites, divertirse o transgredir, sino sobre todo otras bastante más profundas y esenciales. Por ejemplo, en el caso del botellón, pasar tiempo juntos, disfrutar, desinhibirse, compartir risas y temores..., pero también ensayar nuevas formas de expresarse, de abrirse a los demás y de crear vínculos, algo que muy a menudo no reciben o no encuentran en su contexto cotidiano.

He aquí el quid de la cuestión que queremos desarrollar en este capítulo: nuestro tiempo no incluye los tiempos esenciales para la vida. En una de las dinámicas que llevamos a cabo con jóvenes, familias y educadores, los hicimos reflexionar y trabajar sobre los siete tiempos que Daniel Siegel propone para un estado cerebral óptimo: tiempo interior, de descanso, de concentración, de inactividad, de juego, de actividad física y de conexión con los demás. En este caso, somos nosotras las que nos sorprendemos con lo mucho que cuesta asignar horas a alguno de estos tiempos y a otros relacionados con ellos que proponemos, igualmente imprescindibles para nuestro bienestar; por ejemplo, tiempo para mirarnos a los ojos, tiempo de atención plena, tiempo para regalar, tiempo para decirnos cosas bonitas, tiempo para agradecer, tiempo para cuidar cuerpo y alma, tiempo para conectar todos los tiempos, tiempo para saborear el instante presente, y también tiempo para proyectarnos más allá. Tiempo para momentos de vida lenta y calmada. Muchos de estos tiempos ni los valoramos ni los practicamos lo bastante porque «esta sociedad da mucho más valor al rédito material que a los réditos personales», como señala la neuróloga Mercè Boada. Son precisamente estos réditos personales los que nos aportan más satisfacción, bienestar, calidez y alegría de vivir.

¿Cómo catalogáis los tiempos marcados en vuestra agenda, ya sean profesionales o personales? ¿Son exclusivamente acelerados, o también los hay relajados y tranquilos? ¿Los consideráis mayoritariamente obligaciones, deberes y compromisos, o bien actividades y momentos que os hacen felices? ¿Sabéis que la felicidad tiene mucho que ver con el signo positivo o negativo de las relaciones que tenemos a lo largo del día y con poder saborear lo que hacemos? Coincidimos totalmente con Pablo d'Ors cuando dice: «El alma humana solo se alimenta si el ritmo de lo que se le brinda es pausado».

SEGUNDA PARTE

Vínculos que acarician
La relación con los otros

21

La mirada lo es todo. ¿Cómo es la tuya?

«Lleva una tontería encima...», «No hay quien la aguante», «Me saca de quicio», «Todo el día enganchado al móvil», «No se le puede decir nada», «Está que muerde», «Parece otra persona», «Tan maja que era», «Yo tenía un osito de peluche y ahora tengo un cactus», «No me explica nada», «Está cerrado como una ostra», «No sé cómo acercarme», «Me da miedo que vaya por mal camino»...

«La adolescencia es una época brillante, una edad de adquisición de posibilidades, una nueva edad de oro del aprendizaje», dice José A. Marina. ¿De verdad? Nadie lo diría después de leer expresiones como las anteriores, recogidas, por cierto, de padres y madres de adolescentes. Son muy habituales y no negaremos que se trata de un retrato con tintes de realidad, pero muy incompleto y sesgado. Al fin y al cabo, todo depende de cómo se mire. Desde que nacemos, la mirada es un elemento esencial en la interacción humana, el aprendizaje y la construcción de la propia identidad. Pero en la adolescencia muy especialmente. El adolescente se mira y se define a sí mismo a través de la mirada de los demás, y tiende a ser y a sentirse como lo ven, pues quiere proyectar lo que se espera de él. De nuestra mirada dependerá que confíe más o menos en su potencial y que los malestares que experimenta sean los naturales de la adolescencia u otros fruto de nuestra miopía que no tienen nada de naturales.

Con demasiada frecuencia, debido a nuestros miedos, frustraciones, heridas, rigideces o estereotipos, nos enfocamos más en los problemas y carencias que en las cualidades y oportunidades.

¿Arrastramos hipotecas emocionales del pasado? ¿Nos cuesta contener, canalizar, expresar y transformar adecuadamente determinadas emociones? Pues tenemos el conflicto servido, porque el adolescente seguro que nos confrontará. Necesita oponerse para ser, para distinguirse, para afirmarse, para ponerse a prueba, para construirse autónomamente... Y, si cada vez que se confronta con nosotros nos desborda emocionalmente, aumentará la intensidad y la virulencia de la confrontación y tendremos problemas provocados por nuestras respuestas inapropiadas y no por sus adolescencias.

El problema no son los y las adolescentes. Los problemas más importantes que tenemos que resolver no son los de la adolescencia. Son los que desencadenan las problemáticas adolescentes en nosotros cuando nuestra adultez no es bastante sólida, nuestra madurez no es suficiente, nuestros desajustes emocionales son iguales o superiores a los suyos, o bien no estamos preparados para encajar sus cambios y los de una sociedad incierta y en evolución constante como la nuestra. Este es el verdadero problema. No siempre lo manifestamos explícitamente, pero la mirada y los gestos nos delatan e influyen poderosamente en sus emociones. Hay que ser muy conscientes de ello, porque en eso se basan tanto la calidad de los vínculos como la relación educativa que tejeremos.

22

Un fórmula 1 en manos de alguien sin carnet

Vemos la adolescencia como si fuera un estado transitorio de inmadurez o de perturbación mental, pero es una etapa con unas razones de ser biológicas y evolutivas de vital importancia, y todo lo que ocurre, el descontrol emocional incluido, es imprescindible para que las personas y los grupos sociales maduremos y avancemos. «La adolescencia —dice Daniel Siegel— es mucho más que un proceso de transición de la inmadurez a la madurez. Los cambios cerebrales que se dan son producidos por el desarrollo para que puedan surgir habilidades nuevas indispensables para el individuo y la especie. Su "inmadurez" racional les ayuda a aceptar riesgos que necesitan experimentar para abandonar el nido, explorar el mundo y encontrar su lugar.» Tanto es así que «sin este cerebro insensato nos habríamos extinguido», afirma la investigadora del cerebro adolescente Iroise Dumontheil.

Pensamos que todo está hecho y resulta que la etapa de los diez a los quince años es un segundo gran periodo sensible, con un potencial de aprendizaje equiparable al que se da entre los cero y los tres años. Un equipo de investigadores de la Universidad de Nueva York descubrió que se produce un gran estallido de conexiones cerebrales nuevas. Esto conlleva ayudarlos a seleccionar cuáles conviene consolidar y cuáles rechazar. Según José A. Marina, «el cerebro adolescente es como un coche muy potente en manos de una persona que no sabe conducir». Pues bien, nosotros somos los profesores y las profesoras de autoescuela que les enseñan a manejar el volante con garantías para ir por buen camino.

El mismo Marina señala que «no es el buen funcionamiento del cerebro el que produce automáticamente buenas ideas, sino las buenas ideas las que nos permiten educar un buen cerebro». Esta premisa enlaza con aportaciones del campo de la epigenética y la biología molecular, como las de Bruce Lipton, que dice que «las experiencias de vida pueden tener más fuerza que los genes. Y las emociones, pensamientos y creencias sobre estas experiencias pueden tener más fuerza que las propias experiencias». O las de Patrick Drouot, que destaca que «el corazón no responde necesariamente a las señales del cerebro, pero el cerebro sí que sigue las instrucciones del corazón».

Quizá os estáis preguntando qué significa todo esto a efectos prácticos: pues que tan importante es sentirse bien como aprender a sentir bien. Y para que el y la adolescente (y cualquier persona) se sienta bien y aprenda a sentir bien son sumamente importantes los relatos de lo que vivimos. Lo que hará bella nuestra vida, en último término, no son tanto las historias que vivimos como la manera en que las explicamos. A menudo es el lenguaje el que crea la belleza, y la poética la que nos permite modificar o matizar la genética.

23

Tranquis, el cerebro sabe lo que hace

Sarah-Jayne Blakemore, neurocientífica y autora de un libro reciente sobre el cerebro adolescente, afirma que «está extrañamente aceptado demonizar a los adolescentes, cuando no sería socialmente aceptable demonizar a cualquier otro sector de la sociedad». Por suerte, gracias a investigaciones que están demostrando lo que pasa en el interior del cerebro adolescente, podemos comprender mejor varias conductas que han sido objeto de gran hostilidad social durante mucho tiempo.

Ahora sabemos que no han perdido el norte: lo están buscando. Y la única manera de conseguir un equilibrio emocional sólido es experimentando etapas de descontrol. Los episodios que desde fuera percibimos como explosiones emocionales, de puertas adentro son ensayos que el cerebro adolescente tiene que hacer necesariamente para madurar. Ningún niño aprende a andar sin caerse y ningún adolescente madura sin momentos de agitación y transgresión.

No se pasan por el forro lo que les decimos. Están comprobando la utilidad y los efectos de diferentes conductas para ver cuáles tienen que mantener y cuáles eliminar. Y no vale con que se lo digamos nosotros: lo aprenden mejor si lo comprueban por sí mismos, y este es un proceso muy lento. Lo que les hemos transmitido hasta entonces lo tienen que poner a prueba y revisar para hacerlo suyo y decidir con qué se quedan. La tendencia es reforzar lo que les reporta la aceptación del entorno, especialmente la de los iguales.

No se han vuelto locos. Su lógica no es la misma que la adulta y sus criterios no son los nuestros. Su corteza prefrontal no ha madurado del todo y no son conscientes de los peligros ni tienen el mismo significado que para nosotros. Por eso hace falta que sigamos estando ahí, guiándolos, porque también está demostrado que el entorno ayuda a modelar —y de hecho tiene que hacerlo— un cerebro en desarrollo como es el adolescente.

No están en nuestra contra. Necesitan diferenciarse al máximo para ser y sentirse independientes. «La confrontación no es personal, sino con los papeles adultos que representamos», dice Jaume Funes. Ellos y ellas necesitan esa confrontación para afirmarse, pero nosotros no, o no tendríamos que necesitarla, por lo que deberíamos poder mantener la calma. No deberíamos sentirnos atacados ni responder agresivamente a conductas que nos parecen provocaciones pero que no lo son. Si ponen cara de no soportar lo que les decimos, no nos dejemos confundir por las apariencias. Muchas veces su cara no lo registra, pero su alma sí. Y si están de mal humor en casa pero son capaces de comportarse de forma adecuada y atenta en sociedad y en otros entornos, podemos estar tranquilos.

Su intención no es hacernos la puñeta. Necesitan novedades que produzcan gratificación y recompensa en su cerebro. Y si no las encuentran en su entorno las buscarán donde sea. De aquí la importancia de que las persones adultas de su entorno sigan abiertas a experimentar, a aprender y a vivir.

Como dice Blakemore, «son estos cambios que demonizamos los que proporcionan una oportunidad excelente para la educación y el desarrollo social de la persona». Dejémonos, pues, de los mitos que desacreditan la adolescencia. Lo que parece por fuera tiene poco que ver con lo que pasa por dentro. Tratemos de entenderlo y cambiemos la narrativa para así entender a los jóvenes y ayudarlos a entenderse mejor.

24

Palabras que rayan y hacen daño

Exponer a los jóvenes a palabras amables predispone a comportarse de forma amable, mientras que exponerlos a palabras groseras predispone a comportarse de forma desconsiderada. Así lo demuestra un estudio que hizo John Bargh y que cita Luis Castellanos. El lenguaje no solo define la realidad, sino que también la crea. Está más que demostrado en numerosas investigaciones y también por la neurociencia.

Dado que la manera de comunicar es tan determinante, tenemos que revisar a fondo nuestra comunicación, poner mucha atención en qué tipo de mensajes enviamos y en sus efectos sobre los jóvenes. Hay estudiosos, como la profesora y lingüista Deborah Tannen, que han fundamentado su investigación en las conversaciones rutinarias, y destacan sus efectos sobre las relaciones humanas. A veces nos dejamos llevar por tópicos y situaciones que nos superan y soltamos frases de manera inconsciente —o no— que para los hijos, hijas, alumnos o alumnas son absolutamente demoledoras. Para tratar de descubrirlas y así evitarlas y sustituirlas por otras, hemos llevado a cabo un trabajo de campo sobre los mensajes que más los rayan y más daño les hacen. Hemos agrupado la lista de frases recibidas en cinco categorías y hemos seleccionado las más repetidas o coincidentes:

1. Pensar que no hacen nada o lo hacen mal: «Para ya de estar empanada con el móvil y levántate»; «No sé por qué estás cansado si no haces nada»; «Para hacer esto no hace falta que hagas nada»; «Eres un desastre»; «¿No puedes hacer nada bien o qué?»; «No vales para nada»; «Tendrás muchos problemas con esta actitud».

2. Dejar que «se apañen», dejarlos solos, no implicarnos en opinar u orientar: «Para ti va el pollo»; «Tú sabrás»; «Haz lo que te dé la gana»; «A mí qué me explicas»; «A mí me da igual»; «Ya te espabilarás»; «Pídeselo a tu padre»; «A mí tanto me da, yo a final de mes cobraré» (dicho por un profesor).

3. Menospreciarlos o infravalorarlos por el hecho de ser adolescentes: «No hay quien os aguante»; «¿Tú que sabrás?»; «Solo pensáis en tecnología, videojuegos y fiesta»; «Sois adolescentes, no sabéis nada de la vida para opinar»; «Te crees muy mayor y todavía eres una cría»; «Qué me vas a contar tú a mí».

4. Culpar a la tecnología de todo: «Todo esto es culpa del móvil»; «Todo el día enganchados a las maquinitas»; «No mires tantos vídeos raros»; «Todo esto que miráis es porquería, solo sirve para comeros la cabeza»; «Deja ya el móvil».

5. Comparaciones: «Tu hermana no había hecho nunca esto»; «Yo a tu edad...» (este lidera la clasificación); «Tu compañera lo hace mejor».

Demasiado a menudo utilizamos expresiones como estas y otras de similares que los hieren y debilitan. En algunos casos, pensando, equivocadamente, que la dureza y la indelicadeza pueden ser eficaces. A veces les decimos cosas que hacen que se sientan menospreciados por el hecho de ser adolescentes. En nuestro trabajo, a la pregunta «¿Qué te gusta menos de los adultos en general?», nos han respondido cosas como estas: «Que se piensen que no nos enteramos de nada», «Que se crean más listos por ser mayores» o «Que nos traten como si fuéramos tontos por el hecho de tener menos experiencia de vida».

Quizá os estéis planteando qué deberíamos decir, entonces.

25

Comunicar con corazón

«¡Hola, preciosos!» Así empieza la instagrammer y youtuber Dulceida sus vídeos. No podemos evitar preguntarnos cuántos de nosotros entramos en casa o en las aulas diciendo palabras bonitas.

Lo que les decimos sabemos que puede potenciarlos e impulsarlos o, por el contrario, bloquearlos y desmotivarlos. Por eso hay que hacerlo con una exquisita sensibilidad. Las palabras que utilizamos tienen que abrir caminos, penetrar y resonar por dentro; tienen que iluminar y empoderar; tienen que conmover y mover; tienen que acariciar y no herir. Pero no solo en el caso de los jóvenes, sino en la práctica totalidad de las relaciones interpersonales.

¿Cómo tienen que ser, pues, nuestros mensajes educativos para que les lleguen al corazón y la comunicación sea afectiva y efectiva al mismo tiempo? A continuación ofrecemos algunas características que consideramos importantes y que suelen funcionar:

- Breves y concisos. Ahorrémonos los sermones. Nos pueden ayudar expresiones del tipo: «Así no, así sí»; «Esto no, eso sí»; «Aquí no, aquí sí».

- Honestos y valientes. Comunicar con corazón es compatible con decir lo que nos gusta y lo que no; lo que estamos dispuestos a permitir y lo que no; lo que consideramos conveniente y lo que no. Pero también lo es con señalar las posibles consecuencias de determinadas actuaciones.

- Empáticos. Aceptar sus emociones y mostrar interés por lo que piensan y sienten: «Yo pienso... ¿Tú que piensas?»; «¿Qué te ayuda a sentirte bien o mejor?». También preguntas como las que propone Cristina Gutiérrez: «¿Qué te parece que es lo mejor de esta familia/aula/grupo y en qué tendríamos que mejorar?».

- *Win-win* (todos ganan). Inciden en lo que ganamos tanto ellos como nosotros cuando nos tratamos bien: «Cuando nos hablamos con este respeto, creamos un clima muy agradable, y te lo agradezco mucho».

- Asertivos. Centrados en lo que nosotros sentimos en lugar de hacer juicios sobre ellos; decir: «Me sabe mal esto que has dicho o hecho» en lugar de «Solo me das disgustos».

- Orientados a soluciones. En lugar de dar vueltas a «¿Por qué lo has hecho?» o a «¿Cómo se te ha ocurrido esta barbaridad?», preguntar: «¿Cómo puedes solucionarlo? ¿Qué puedes hacer mejor la próxima vez?».

- Que ofrezcan alternativas con margen para elegir: «¿Qué prefieres...?».

- Razonables y razonados. Tenemos que explicarlos para que puedan comprenderlos y hacerlos suyos.

- Coherentes. Si queremos que nos traten bien, tenemos que tratarlos bien.

- Formulados en positivo. Lo que queremos que hagan en lugar de lo que no. Por ejemplo: «Déjame terminar» en lugar de «No me interrumpas».
- Elogios al ser: «Eres muy buena persona»; «Eres un encanto»; «Eres muy amable».
- Correcciones sobre su forma de obrar. En vez de «Eres un desastre», mejor «Llevas unos días que se te ve un poco despistado/descentrado/desmotivado...».
- Personalizados. Decir su nombre y, a través del lenguaje corporal, hacerlos sentir que tanto ellos como lo que les estamos diciendo es lo más importante en ese momento para nosotros.
- Oportunos. Tenemos que aprovechar momentos adecuados o crearlos: cuando todos estamos calmados; cuando el ambiente es propicio; mientras compartimos alguna afición...
- Con palabras bellas o de peso, que muevan y conmueva: «tesoro», «maravilla», «vida», «brillar», «aprender», «crecer, «bonito», «amor»...

Ejerceremos una buena influencia cuando potenciemos una comunicación atenta, individualizada, lo más exquisita posible en fondo y forma, y emocionalmente resonante. Conviene que desde los primeros años de vida nos abramos y compartamos con ellos emociones y sentimientos: qué nos gusta, qué nos disgusta, qué nos desagrada, qué nos enfada, qué nos ilusiona, qué nos entristece... Difícilmente el adolescente le abrirá su corazón a alguien que no le haya mostrado el suyo antes. Como dice Natalia Ginzburg, «cuanto más misterio nuestro sobre nosotros y la vida durante la niñez, más misterio suyo hacia nosotros durante la adolescencia».

Es clave facilitar contextos y no olvidar que, en la era digital, tenemos que repensar y actualizar los canales de comunicación que utilizamos para acercarnos a ellos y ellas . Cada vez son más los jóvenes que, por ejemplo, nos comunican por canales como WhatsApp cosas importantes de su vida que no nos dirían presencialmente. Paradójicamente, este es un factor de las nuevas tecnologías que podemos aprovechar en beneficio de unas relaciones más cercanas y conectadas.

26

SOS, ¡quiere hacerse un *tatu*!

Uno de los temas que más confrontación genera y más desgasta el vínculo con los adolescentes es el de los límites. ¿Se quiere hacer un tatuaje? Mientras no se quiera decorar el cuerpo entero con colores, en cuyo caso habrá que explicarle qué puede comportar ir coloreado por el mundo el resto de su vida, quizá no valga mucho la pena malgastar la autoridad en pequeñeces. Guardémosla para temas de vital importancia. Si todo es importante, nada es importante. ¿Y qué es importante? La vida, el respeto y la dignidad; la suya, la nuestra y la de los demás. Reservemos los noes, que tiene que haberlos, para lo que ponga en peligro alguna de estas cuestiones.

La función primordial de los límites es proteger la vida, así como la socialización, la adecuación de las conductas a cada contexto y la autorregulación personal, entre otras. El profesor Ramón Casals Cienfuegos señala lo importante que es hacerles entender que «la sociedad funciona cuando todo el mundo hace su parte», y esto no quiere decir solo hacer lo que nos gusta, nos ilusiona o nos motiva, sino también asumir unos deberes sin excusarnos en que no nos gustan.

A veces, para que los y las adolescentes nos tengan en mayor estima y para ahorrarnos conflictos, desarrollamos actitudes muy laxas, incluso adoptamos su estética o su argot, lo cual tampoco es positivo para el adolescente, que precisamente quiere diferenciarse del adulto. No obstante, necesita tanto los límites que en algún momento recriminará no haberlos tenido. También hay que procurar no impedirles experimentar situaciones que no comportan ningún riesgo por miedos nuestros.

Es muy propio de la adolescencia transgredir, tanto para poner a prueba lo que les hemos transmitido y a ellos mismos como por la novedad y la gratificación que comporta la desobediecia. Pero que sea natural que rompan los límites no quiere decir que tengamos que renunciar a ponerlos —los necesitan en su justa medida, sin despotismos, autoritarismos e intransigencias— ni que tengamos que animarlos a romperlos: ya lo harán solos.

En ocasiones conviene preguntarnos qué nos quieren decir con sus transgresiones, ¿nos invitan a abrir el corazón y la mente? Otro aspecto importante es recordar que no siempre que se saltan una norma es por el deseo de confrontarnos. De hecho, cuando lo hacen en cuestiones inocuas e intrascendentes que no comportan ningún peligro ni representan ninguna infracción grave no deberíamos tomárnoslo demasiado a la tremenda ni convertirlo en un drama. A menudo lo más importante no es preservar los principios adultos, sino atender y entender los motivos, los sentimientos y las necesidades subyacentes que los han impulsado a saltarse una norma. Si somos capaces de hacerlo, se darán cuenta de que vemos dentro de ellos y se sentirán comprendidos en lugar de censurados. Además, ganaremos autoridad para enseñarles a evitar otros tipos de transgresiones bastante más serias que hacerse un *tatu*.

27

La familia, ¿qué tal?

¿Sabéis que la influencia de la familia en nuestra vida es superior al 50 % en todo? El peso es tan grande por un doble motivo: viene dada tanto por la genética como por la educación. La neurociencia señala que la genética condiciona determinadas capacidades y actitudes en una proporción que va del 40 % al 60 %, según la capacidad (la empatía, por ejemplo, tiene un 47 % de heredabilidad; la impulsividad, un 62 %...). El porcentaje restante depende de la educación externa y del entorno, que en una proporción importante dependen también de la familia. Por lo tanto, hay un poso familiar significativo que nos acompaña siempre.

Las respuestas que nos han dado jóvenes entrevistados a la pregunta de a quién admiran de su entorno cercano corroboran esta influencia tan relevante de la familia. Un 80 % de las respuestas aluden a algún familiar, pero no todo se acaba en la madre, el padre, las abuelas o los abuelos. Hay otra figura que han citado un gran número de los encuestados y que parece que tiene más importancia de la que nos pensamos: las tías, que, como parte de la «tribu», también pueden ser poderosas influencers.

A pesar de su crisis como institución, la familia es el único ente social de carácter tradicional que sigue siendo un valor central en la vida de prácticamente toda la población. Así lo reflejó la encuesta promovida por el European Values Study y dirigida por Javier Elzo y Ángel Castiñeira que se publicó en Cataluña en 2012.

Durante la infancia, la familia transmite unas creencias, valores, actitudes ante la vida, patrones de relación, etc., que el niño o la niña primero suele asimilar de una manera más o menos pasiva y que en la adolescencia necesita cuestionar para hacerlos suyos o desestimarlos. En esta etapa y durante el resto de la vida adulta, tanto madres y padres como hermanos y hermanas, etc., tenemos que permitir y aceptar que adopte unos valores y un camino diferente al de la familia, incluso si su elección nos parece equivocada o su camino lo aleja de nosotros y de lo que le hemos enseñado.

Aunque todo lo que recibe en casa sea de gran calidad, llega un momento en que el o la adolescente necesita buscar fuera lo que no (o ya no) le podemos dar en casa, lo que no quiere que le demos o lo que no le conviene recibir de nosotros. Como dice Natalia Ginzburg, «al adolescente le empieza a interesar más lo que pasa fuera de casa que lo que pasa dentro». Imaginaos si además lo que vive o le transmitimos en casa es fuente constante de conflictos o de malestar. El adolescente tendría que poder alejarse contando con la comprensión familiar o, al menos, sin sentirse culpable por querer buscar su felicidad lejos de los suyos.

Las familias tenemos que saber hacer este acto amoroso de entregar generosamente al adolescente a su propia aventura vital. Muchas veces, ya sea para llenar vacíos, para no reconocer carencias y limitaciones o para que nada cambie, queremos retenerlos cerca. Esto puede impedir que sean quienes son, entregarse al mundo, evolucionar más allá de la familia y ser más felices. Estas actitudes por nuestra parte también pueden interferir en sus relaciones, cuando entra alguien de fuera —ya sean amigos o una pareja— y lo culpamos del distanciamiento o de la vida que lleva a partir de entonces. Si amamos de verdad, respetaremos su libertad de vivir como quiera y celebraremos su felicidad, aunque la encuentre lejos de nosotros y por caminos o de maneras que quizá no compartamos.

28

«Si se lo pides a la hija, pídeselo al hijo»

«Si se lo pides a la hija, pídeselo al hijo», dice la socióloga Marina Subirats.

Si lo valoras en uno/a, valóralo también en el otro/a, añadiríamos nosotras. Si se lo enseñas a uno/a, enséñaselo al otro/a.

¿Y qué dicen los adolescentes? A la pregunta de a qué personas de su entorno cercano admiran y por qué, nos han dicho cosas como estas: «Admiro a las mujeres de mi familia porque son muy luchadoras»; «Admiro a mi tío porque es directivo de una gran empresa». Son dos respuestas tipo de los jóvenes entrevistados. Hay muy pocas que demuestren admiración por figuras femeninas del entorno familiar por su éxito profesional, o por figuras masculinas en lo que se refiere a la transmisión de valores de carácter marcadamente emocional y humano. Nos ha llamado la atención que la admiración por las mujeres de la familia (madres, abuelas, hermanas, tías, primas...) es el doble que por los hombres (padres, abuelos, hermanos, tíos, primos...), un 40 % y un 20 %, respectivamente.

Sostiene Subirats que, así como «las mujeres sí que se han abierto al mundo masculino, los hombres no se han abierto al femenino». En algunos aspectos, como la educación de los hijos y las hijas y la corresponsabilidad en las tareas del hogar, su rol cada vez es más equitativo, pero es muy cierto que otros ámbitos, como el del crecimiento personal o la educación emocional, son todavía mayoritariamente femeninos, y es bueno y necesario que los hombres puedan acceder a ellos.

De hecho, hay voces masculinas, como la de Alberto Ibáñez, de la Agencia Valenciana de la Igualdad, que habla de que los hombres tienen que feminizarse, puesto que el patriarcado también los oprime a ellos, impidiéndoles experimentar sentimientos, empatía, cuidarse y cuidar; en definitiva, acceder a algunos valores humanizadores esenciales. Un estudio realizado por la Asociación Americana de Psicología (APA) a lo largo de cuarenta años, y publicado a finales de 2018, ratifica que «el rol masculino tradicional perjudica también a los hombres y los niños, que quedan atrapados en conductas tóxicas como la represión emocional, la dominación, la agresividad, la competitividad o el sexismo».

A pesar de que hay varias corrientes, si nos guiamos por la definición, el término «feminismo» no representa lo contrario al machismo (que se define como una actitud de superioridad del hombre sobre la mujer), sino que se entiende como un movimiento social que promueve la equiparación de derechos entre los dos géneros. En este sentido, se puede considerar como un movimiento de liberación de mujeres y hombres. Para Chimamanda Ngozi Adichie, «todo el mundo tendría que ser feminista, puesto que un o una feminista es un hombre o una mujer que dice que sí que hay un problema de género y que tenemos que corregirlo, tenemos que hacerlo mejor».

Que hay un problema de género es evidente y es este problema el que justifica que tengamos que recurrir al feminismo para compensar las desigualdades en el punto de partida. La invisibilidad de la mujer en muchos ámbitos es un hecho incuestionable y nosotras mismas lo hemos constatado a la hora de consultar fuentes de información y de buscar ejemplos para este libro. Sería interesante preguntarnos a cuántas mujeres leemos, a cuántas citamos, a cuántas admiramos profesionalmente y qué proporción representan respecto a los hombres.

Aun así, a la larga, para conformar una sociedad realmente igualitaria, tenemos que poder trascender conceptos tan estrictamente vinculados a un género y avanzar hacia una humanidad emocionalmente inteligente, compuesta por hombres y mujeres capaces de integrar masculinidad y feminidad, de tejer vínculos y desarrollar roles a partir de su dimensión común de seres humanos. Nosotras proponemos una palabra para definir y aglutinar esta idea: «emohumanidad», y hablaremos de ello en el capítulo 46.

Para hacerlo posible, hace falta el esfuerzo de todas y todos para superar determinados estereotipos y connotaciones de género aún muy arraigados. En especial, hace falta el esfuerzo de los hombres (y de algunas mujeres) con posiciones de poder dentro de la sociedad, y también el de las mujeres que todavía viven condicionadas por los roles y clichés patriarcales. Este no es un esfuerzo opcional. Hay datos preocupantes, como los relativos a la violencia de género entre jóvenes, el auge de actitudes machistas, el repunte de campañas de juguetes sexistas o hechos como que las películas más taquilleras para adolescentes o determinadas letras de reguetón perpetúan estereotipos negativos de una cultura heteropatriarcal que tenemos que trascender. Como educadores y educadoras, conseguir el equilibrio entre sexos es una necesidad de primer orden y un reto ineludible para lograr unas relaciones positivas y armoniosas que superen los roles de género clásicos.

29

Poliamor, «follamigos» y «pdf»

Si has entendido este título a la primera, vamos bien. Si no, tienes que ponerte al día.

¿Cómo vamos de amor y de sexualidad? ¿Nos satisfacen el tipo de relaciones que tenemos? ¿Podemos aceptar planteamientos diferentes a los nuestros y a los convencionales? Si no es así, poca influencia podremos tener en temas de amor y sexo. Los jóvenes actuales viven de manera más liberada y natural la expresión del cuerpo y de los sentimientos. Una actitud intransigente por parte nuestra puede bloquear el diálogo y cerrar la puerta a establecer los contrapuntos necesarios para un crecimiento sano en dimensiones tan vitales como esta.

En una etapa donde el riesgo tiene un atractivo añadido, experimentan nuevas maneras de entender el amor y las relaciones. Quizá nos escandaliza que puedan mantener más de una relación a la vez, o que puedan compartir cama o tocamientos con un amigo. A veces no entendemos que el sexo pueda llegar con solo abrir un whatsapp o descargando una app; querríamos que desde el principio ya tuvieran una relación sólida de las de toda la vida, un «pdf» (plan de futuro), como lo denominan algunos grupos de adolescentes. Es decir, la mayoría prefiere vivir y probar antes otras experiencias. Es lógico y natural que así sea, porque, como señala la escritora e investigadora del amor Coral Herrera, «las formas convencionales del amor y la mitificación del amor de pareja generan sufrimiento, sumisión e imposibilitan tejer otras redes de relaciones horizontales más equitativas y solidarias, orientadas al cuidado de uno mismo y de los otros, que nos harían mucho más felices». Añade, sin embargo, con gran lucidez, que «el poliamor no es la panacea, incluso las relaciones más libres y transgresoras reproducen el romanticismo patriarcal».

A pesar de todo, la apertura de miras es clave. Experimentar con diferentes tipos de vínculos y de sexo no tiene por qué ser fuente de conflicto o un problema, ni tampoco se tiene que vivir como un fracaso social. Ahora bien, ¿todo vale?

Es imprescindible que eduquemos en la libertad, en el respeto (no solo por el otro, sino también por uno mismo) y en la responsabilidad. Todo vale si actuamos a partir de este respeto, entendido como forma elemental de amor. Tenemos que valorar si podemos asumir las posibles consecuencias; si tenemos capacidad —o la podemos aprender— de gestionarlas sin que por sistema la experiencia nos desborde emocionalmente; si nos compensa y si el balance final es positivo para nosotros y para el otro. «La felicidad —dice Jaume Funes— es el resultado de algunos cálculos.» Hay varios placeres y felicidades y varias formas de obtenerlos, pero todos tienen sus costes y beneficios. Hay que hacer cuentas y valorar si la parte negativa de una experiencia es inferior a la positiva.

¿Sufrimos? Pues entonces no nos va bien. ¿Hacemos sufrir? Entonces no vamos bien.

30

Primer amor, primera vez, pareja y Tinder

> El amor es una flor que nace en el campo, pero que hay que cultivar en el jardín.
>
> ANTONI BOLINCHES

Si hay algo que difícilmente se puede planificar en la vida es enamorarse. No se decide, ocurre. Es imposible elegir cuándo y de quién. Quizá por eso es una de las experiencias vitales más desconcertantes, que en la adolescencia se vive como un terremoto que sacude al chico o chica y, a menudo, a todo su entorno. También suele causar preocupación, miedos y desconcierto cuando no ocurre. Pero muy probablemente ocurrirá, y tenemos que dejar que ocurra sin proyectar nuestras expectativas o temores ni vaticinar finales decepcionantes. Hay que abstenerse de comentarios de tipo: «Esto no durará», o bien «Al principio todo es muy bonito; tu padre también me regalaba flores». A pesar de los riesgos, son experiencias que dejan una huella profunda y que vale la pena vivir.

En cambio, una relación de pareja no es un hecho espontáneo, sino una decisión que se toma, si bien puede estar condicionada por factores diversos, como que en el entorno más cercano todo el mundo esté emparejado. Y así como en el enamoramiento no hay que esforzarse mucho para sentirse en las nubes, en las relaciones de pareja hay que cultivar unas actitudes determinadas, ser capaces de trazar un proyecto conjunto tejido a dos bandas y perseverar en el cuidado de la relación, de uno mismo y del otro. El enamoramiento es una flor espontánea y el amor una flor que hay que cultivar. La relación de pareja es, pues, una elección, y, a la hora de elegir, el condicionamiento familiar es grande. Las relaciones de pareja emocionalmente significativas del entorno más cercano, empezando por la de los padres, son la primera escuela de amor y sexualidad. Por lo tanto, debemos preocuparnos menos por las parejas que escogen y más por las relaciones de pareja que tenemos nosotros y las vivencias y aprendizajes que transmitimos a partir de nuestra experiencia amorosa.

En la actualidad, se ha normalizado una tercera modalidad que está cambiando el ámbito de las relaciones. Tenemos la posibilidad de planificar una experiencia amorosa cuando nos apetezca solo con un clic gracias a aplicaciones como Tinder o Meetic, entre otras. Objeciones al respeto hay muchas; algunas son específicas de estos medios, pero otras son comunes a cualquier relación. Entre las que son propias de las tecnologías, tenemos que ser conscientes de que este tipo de contactos invierten algunos aspectos clave de las relaciones tradicionales. El tiempo que dedicamos a escribir y a subir fotos que ofrezcan una buena impresión se lo restamos a conocernos realmente. Nos falta información muy relevante que solo nos la puede dar el cara a cara, y es mucho más fácil idealizar a las personas y acabar teniendo sucesivos desengaños. Para evitarlos, a veces se posterga indefinidamente el encuentro físico o se interrumpe repentinamente la comunicación para desaparecer del mapa. Detrás de estas actitudes puede haber dificultades para conectar emocionalmente con los demás y para hacer crecer y cuidar una relación.

¿Y aquí qué es lo importante? Encontrar realmente lo que estás a buscando, no llevarte una decepción detrás de otra por tener unas expectativas demasiado altas que difícilmente pueden ser satisfechas por esta vía.

En relación —o no— con el primer amor, más pronto o más tarde, y normalmente sin nuestro control ni beneplácito, la mayoría de los adolescentes vivirán su primera experiencia sexual, la famosa «primera vez». «La adolescencia está llena de primeras veces», dice Jaume Funes, y nos necesitan cerca, accesibles y comprensivos para que estas primeras experiencias «no sean mera experimentación», sino que, en la medida de lo posible, sean vivencias positivas y bonitas, y «un primer poso de experiencia». Al hablar con adolescentes sorprende cómo les preocupa esta primera vez relativa al sexo y cómo se dan cuenta de las contradicciones y condicionantes que conlleva: la presión de grupo y la posterior decepción que muchas veces se deriva por el hecho de haber llegado precipitadamente, con unas expectativas demasiado altas y sin haberse planteado que la mayoría de las veces son más importantes la afectividad y las relaciones íntimas que el sexo en sí. Es precisamente en la educación en la afectividad y en las dimensiones emocionales de las relaciones donde estamos detectando más carencias de base, y los propios adolescentes ya empiezan a ser conscientes de ello y a reclamar formación.

Donde los chicos y las chicas buscan más y necesitan buenos referentes es en aspectos tan trascendentes como estos. Y para ser buenos referentes hace falta que nosotros hayamos sido y continuemos siendo capaces de valorar y replantearnos, si hace falta, nuestras propias elecciones amorosas, y de gestionar bien los consecuentes riesgos y dificultades. Cada decisión conlleva los suyos, como también unos beneficios y contrapartidas, y lo que hay que garantizar es que aquello que elegimos sea fruto de una elección consciente y libre que nos ayude a estar bien, y no de carencias y presiones que nos impiden elegir mejor.

31

El sexo no es cosa de dos, sino de siete

Reducimos la orientación sexual a dos formas, heterosexualidad y homosexualidad, y, según la escala de Kinsey (creada por el biólogo Alfred Kinsey), hay al menos siete, que van desde el cero, exclusivamente heterosexual, hasta el seis, exclusivamente homosexual. El punto medio, el tres, corresponde a la bisexualidad y el resto, a orientaciones predominantemente heterosexuales con un mayor o menor grado de homosexualidad, o a la inversa. Otra categoría que hay que tener en cuenta es la de las personas que rechazan cualquier tipo de contacto sexual.

En unos talleres con Cecilia Martí proponíamos a madres y padres escuchar la canción *Mujer contra mujer,* de Mecano, que habla de dos mujeres lesbianas. La utilizábamos como recurso para iniciar un debate sobre la homosexualidad, y la mayoría mostraban opiniones abiertas y respetuosas..., hasta que les pedíamos que se pusieran por grupos y les planteábamos un juego de rol que consistía en simular que uno de sus hijos les comunicaba que era homosexual. De repente, se producía un cambio de actitudes. Algunos padres y madres que al principio aceptaban racionalmente la homosexualidad, experimentaban un fuerte impacto emocional y, en algunos casos, incluso cierto rechazo.

A pesar de que parece que hemos aprendido bien la teoría, muchas personas continúan manifestando reacciones homófobas de manera inconsciente o cuando les toca de cerca. Como señala el profesor y biólogo David Bueno, «desde el punto de vista neurocientífico y de la construcción del cerebro, todos los encajes posibles son absolutamente naturales. Esto no quita que algunos sean más frecuentes que otros, pero cualquier otra combinación es exactamente igual de natural».

«Si es de nacimiento, lo entendería, pero si es por vicio, no», dice una abuela de mentalidad abierta y comprensiva entrevistada en uno de los vídeos de The Tripletz, youtubers e influencers. La orientación sexual, sea cual sea, no es un vicio, sino una manifestación natural de la sexualidad humana. Lo que tenemos que vigilar es que las conductas sexuales sean respetuosas y saludables en todos los sentidos. Como dice el catedrático en genética Diego López, «el problema no es la homosexualidad, sino la homofobia. La homosexualidad parece ser un fenotipo sexual estable en humanos y no se cura porque no es ninguna enfermedad». Tampoco se contagia.

Nos quejamos mucho de cuán difícil es la adolescencia para los padres, pero pocas veces nos paramos a reflexionar seriamente sobre cuán difícil es para los propios adolescentes. En el caso de la homosexualidad, continúa habiendo muchos jóvenes que temen la reacción del entorno familiar y no lo dicen abiertamente hasta que se marchan de casa y tienen suficiente fortaleza para enfrentarse a lo que pueda pasar. Es evidente que en relación con las generaciones anteriores ha habido una evolución, pero salir del armario continúa siendo traumático en muchas ocasiones, y la solución pasa por desterrar los armarios para que nadie se tenga que esconder en ellos.

En palabras de una de las chicas que hemos entrevistado, «se trata de entender que hay diferentes maneras de querer y que si hay gente que dice que es bisexual no es porque esté de moda, sino porque es lo que uno siente en aquel momento». Este sentimiento puede ser fuente de gran sufrimiento en un momento tan delicado como la adolescencia, que es cuando se define claramente, si les falta nuestra acogida y comprensión. «Dejemos de definir a las personas por su orientación sexual, religión o color de piel», dice otra adolescente; hay que actualizarse, porque, mientras nosotros todavía estamos intentando integrar la categoría «homo», ellos ya van por la «bi».

Sebastià Portell, editor del libro *Amors sense casa,* se hace eco de esta inquietud que muestran muchos jóvenes de hoy para superar los binarismos de género y apunta que «dentro de unos años hablaremos con normalidad de identidades fluidas».

Al fin y al cabo, muchas de estas formas de amor y de relaciones no solo van más allá de la escala de Kinsey —que no deja de ser una clasificación con una base biológica, cargada de prejuicios culturales y de ideas preconcebidas— sino que plantean todo un cambio de paradigma que da prioridad a la persona frente al género.

32

«Are you living an Insta lie?»

Entramos a una cafetería, compramos un zumo verde, y nos preparamos para el «postureo» con el zumo en la mano y una mirada golosa. Nos hacemos el selfi y lo proyectamos en las redes, presumiendo de un *super healthy breakfast*. Conseguido: al instante ya tenemos un «like». Guardamos el móvil, avanzamos unos pasos, probamos el zumo y nos parece horroroso; tanto que lo tiramos a la basura al primer trago. Pero da igual: ya hemos conseguido proyectar una imagen y un mensaje socialmente valorados que nos proporcionarán un montón de «like».

Esta escena la podéis encontrar en YouTube, en un vídeo con el mismo título que este capítulo. Como esta, otras tantas, y algunas os resultarán muy cercanas y familiares. Nos parece un recurso muy interesante para preguntarnos qué hay detrás de esta obsesión por inmortalizar y proyectar el momento, y, de hecho, cómo continúa después nuestra vida, cuáles son nuestros sentimientos y sensaciones a partir del momento en que los «like», que también son efímeros, empiezan a bajar hasta que acaban desapareciendo. Nos volvemos adictos a los «like» porque nos otorgan reconocimiento, y en la adolescencia especialmente, porque el joven necesita que lo miren y el «like» le dice que es así y que lo aceptan, hace que exista, y se subordina aunque suponga adoptar una imagen falseada de su vida. No estar en las redes o no obtener respuesta le genera el miedo a ser excluido o marginado, también conocido como FOMO (acrónimo del inglés *Fear Of Missing Out*).

Está muy bien proyectar imágenes de belleza y de momentos agradables con mensajes que promueven valores positivos y actitudes saludables. Lo que no está nada bien es que no se correspondan con nuestra forma de ser ni nuestra realidad personal. Entonces nos convertimos en víctimas y verdugos de engaños y autoengaños. Además, esta «vida feliz» impostada a menudo causa en otros un sentimiento de tristeza, frustración o malestar, pues interpretan que las vidas ajenas son muchos más plenas, interesantes y apasionantes que las suyas. Así que debemos tener cuidado, porque tanto nosotros como los jóvenes podemos convertir nuestra vida en una mentira conformada por una suma de instantes efímeros que hacemos pasar por perdurables.

Explica David Bueno que nuestro cerebro tiene tendencia a fijar aquellos comportamientos y aprendizajes que considera útiles para la supervivencia o la vida, y especifica que «aquello que el cerebro percibe como de máxima utilidad es lo que proporciona la aceptación asertiva, la valoración y el reconocimiento social de los compañeros, de los profesores y de los padres». El reconocimiento de los otros es una necesidad de primer orden en todas las etapas de la vida, pero en la adolescencia mucho más. No obstante, los contextos idóneos donde buscarlo no son solo estos, puesto que su naturaleza es también fugaz.

«¿Por qué crees que la gente se hace tantos selfis? Porque tienen miedo a mirar más allá del móvil», dice Víctor Espiga, poeta y narrador de las redes. Ser un educador influencer de verdad quiere decir favorecer que nuestros jóvenes encuentren aquello que necesitan también fuera de las redes, así como mostrarles que nosotros somos coherentes en el uso que hacemos de ellas y que lo que subimos no es postizo, sino que se corresponde con nuestra realidad.

33

Estresados, hackeados e ignorados

«Nadie culparía a un televisor Samsung de un mal programa de televisión», dice la CEO canadiense Bailey Parnell en una charla TED sobre los efectos de las redes. Las redes no simulan vidas perfectas que no lo son, ni asedian ni insultan, entre otras cosas; lo hacen las personas que las utilizan. «Cuando hablamos del lado oscuro de las redes sociales estamos hablando en realidad del lado oscuro de las personas», añade la misma autora. Las redes tan solo acentúan y hacen más visible este lado oscuro, universalizan gamberradas que no pasarían de la barra de un bar, como apunta Joan Manuel del Pozo parafraseando a Umberto Eco.

Uno de los aspectos que nos tiene que preocupar de internet es que nos bombardea, nos interrumpe y nos distrae constantemente con cuestiones a menudo superfluas o intrascendentes. Nos convierte en esclavos de la inmediatez y nos impide disponer de unos tiempos más largos y pausados para pensar, sentir y elaborar las cosas. Sin estos tiempos difícilmente podemos forjarnos un criterio propio, y además es más fácil manipularnos. Hemos sido más rápidos e inteligentes creando y utilizando las herramientas tecnológicas que desarrollando habilidades y criterios para utilizarlas de forma sana. Paradójicamente, es nuestra propia creación tecnológica la que nos puede acabar hackeando y «superarnos en habilidades típicamente humanas», como advierte Harari.

¿Cuántos selfis tienes que hacerte antes de subir uno que consideres bueno? ¿Planificas tu tiempo y tus actividades según tus criterios, o lo hacen los algoritmos por ti? ¿Escoges los contenidos y la información que te interesan, o básicamente consumes los que te sirve la máquina? ¿Te crea estrés que la vida en línea no se pare nunca, que se te acumulen mensajes y posts, o que te pierdas acontecimientos cuando estás desconectado? ¿Te das cuenta de que en internet el producto somos nosotros y que los «like», comparticiones y comentarios representan muy a menudo la valía que se nos otorga? Nos podríamos plantear otras muchas preguntas similares, pero el quid de la cuestión es cómo gestionar las tecnologías de una manera beneficiosa y responsable. Invitamos a los adolescentes a hacerse la pregunta que sugiere el tuitero y bloguero Hugo Sáez: «¿Me gusta este videojuego realmente o simplemente me engancha porque está diseñado para engancharme?». Como señala la profesora y ensayista Ingrid Guardiola, «no hay medios peligrosos si conocemos los riesgos que se derivan o que comportan».

Un móvil es básicamente una ventana al mundo y una herramienta de comunicación y relación. En lugar de querer controlar o regular desde fuera el uso de las tecnologías, «tenemos que generar alumnos que se sepan autocontrolar, y esta es una tarea educativa de familias y escuelas para hacer personas capaces de vivir en un mundo en libertad», en palabras de Coral Regí, directora de escuela y bióloga. Este autocontrol empieza por nosotros. Según un estudio de Oracle Marketing Cloud, los adultos miramos el móvil una media de ciento cincuenta veces al día. Muchos niños y jóvenes empiezan a quejarse. «Tenemos que tomar conciencia de que actuamos como un espejo —advierte Jordi Jubany, maestro, antropólogo y asesor TIC—. No nos tiene que extrañar que los chicos y chicas estén enganchados si nos ven hiperconectados.» Cuidado, porque estamos normalizando el fenómeno *phubbing* (del inglés *phone* y *snubbing*), que significa centrar la atención en el teléfono y pasar de los que tenemos al lado o desatenderlos.

Las redes son imprescindibles en el mundo actual y todas las generaciones han estado enganchadas a la tecnología del momento, pero hay que aprender a utilizarlas inteligentemente y a reconducirlas hacia su propósito más profunda y específicamente humano: comunicarnos los unos con los otros, expresarnos y escucharnos, explicar historias, mantenernos en contacto, establecer sintonías, ofrecernos reconocimiento, aproximarnos a los que están lejos (en vez de alejarnos de los que tenemos al lado), unirnos más, y crear sinergias, redes de aprendizajes y sentimiento de pertenencia y de comunidad global. Para reflexionar más a fondo al respecto, pueden resultar de gran ayuda los diez ámbitos que propone el *Manifiesto por una nueva cultura digital*, elaborado por el mismo Jubany y la socióloga Liliana Arroyo.

34

Recuerda que estoy aquí

Un día descubres que dentro de ti tienes todo un mundo, que la vida te espera y que no tiene espera, que todo es nuevo y desconocido y está por estrenar. Una intensidad arrolladora te quema los dedos. Ya no quieres que nadie te explique ni te diga qué tienes que hacer, ha llegado la hora de escribir tu propia historia y defenderás con dientes y uñas el derecho de hacerlo a tu manera. Aunque te equivoques. Prefieres un error propio a un acierto por transferencia ajena. Te sientes con fuerzas para ir contra el mundo. Pero entre los invitados a la fiesta también aparecen las dudas y los miedos. Te gusta y a la vez te resulta extraño rechazar lo que amabas y amar lo que rechazabas. Pensabas que te atraería el sexo contrario y te atrae el tuyo. O quizá los dos. Te das cuenta de que tampoco mandas tú, de que te gobiernan pasiones a veces vertiginosas, que no puedes desobedecer. Y a pesar de que te hacen vibrar, también temes adónde te llevarán. Te desconoces y te preguntas si todo esto debe de ser normal. Pero no te atreves a hablar de ello, por si no te entienden o por si solo te ocurre a ti. Entonces tu mundo íntimo, aquella explosión de vida que no te cabe dentro, corre el peligro de desvanecerse o de enmudecer.

Esta es solo una pequeña aproximación a lo que supone la adolescencia de puertas para dentro. De cómo vive el adolescente lo que el despertar a la vida lleva asociado. La agitación emocional y las turbulencias internas son tan fuertes y desconcertantes en ocasiones que puede llegar a temer estar enloqueciendo. Y lo peor que le puede pasar es que eso sea también lo que piensen sus padres, maestros o adultos de referencia. Lo pensarán si no han sido nunca lo suficientemente abiertos a la vida o si ya no lo están porque no encuentran su lugar o porque se han desencantado.

La proximidad, la disponibilidad y la comprensión adultas son cruciales. El adolescente necesita una mano adulta amiga que vea reflejada en él su propia humanidad y vulnerabilidad; que lo escuche y que acoja amorosamente —y sin miedos— sus sentimientos; que en lugar de inquietarse lo tranquilice y le dé la bienvenida a la vida y a sus grandes temas; que con su empatía y comprensión lo encamine. Los hijos e hijas o alumnos y alumnas solo nos explicarán lo que seamos capaces de escuchar sin juzgarlos ni herirlos. Y solo podremos acompañar su despertar si nosotros estamos despiertos y seguimos abiertos de par en par a los misterios, sorpresas y designios del vivir.

En la preciosa película *Call Me by Your Name*, hay una escena entrañable donde el padre conversa y se acerca al hijo, que durante la película se enfrenta a sentimientos muy intensos y contradictorios asociados a una relación homosexual. En el momento más débil y difícil del hijo, el padre aborda el tema con una humanidad y una sensibilidad extraordinarias, y le dice: «Recuerda que estoy aquí. [...] La mayoría de los padres rezarían por que sus hijos recuperaran el sentido común. Pero yo no soy ese padre». Es lo que más necesitan y necesitamos todos, alguien que nos diga: «Recuerda que estoy aquí».

35

Un tesoro que debemos cuidar y enseñar a cuidar

> Si vienes, por ejemplo, a las cuatro de la tarde, comenzaré a ser feliz desde las tres. Cuanto más avance la hora, más feliz me sentiré. A las cuatro me sentiré agitado e inquieto; ¡descubriré el precio de la felicidad! Pero si vienes a cualquier hora nunca sabré a qué hora preparar mi corazón...
>
> A. de SAINT-EXUPÉRY, *El principito*

Así es como nos sentimos con las mejores amigas y amigos. Antes de que llegue el momento de encontrarnos, su presencia ya nos llena y nos acaricia.

La amistad de verdad es uno de los vínculos más íntimos y bonitos del mundo. Nuestra manera de vivirla, sentirla y cuidarla influye decisivamente en la vivencia que tendrán los hijos e hijas. En la adolescencia adquiere una dimensión preeminente que trasciende la familia y resulta determinante. Acompañar a los adolescentes supone interesarnos por sus amigas y amigos y su manera de vivir la amistad, y, en lugar de descalificarlos, tratar de averiguar y entender qué buscan en ellos y qué les aportan.

Una buena amiga o un buen amigo:

- Te ayuda por el gozo de ayudarte, coopera en lugar de competir.
- Te conoce bien y, a pesar de todo, sigue siendo tu amigo.
- Quiere a la persona real que eres, no a una apariencia o imagen irreal que se ha formado de ti.
- Te quiere a pesar de tus imperfecciones porque es perfectamente consciente de las suyas.
- Disculpa tus equivocaciones porque él también se equivoca.
- Lo que le gusta de ti es tanto que lo que le pueda desagradar no cuenta.
- Lo que sabes que puede llegar a hacer por ti es tan importante como lo que realmente hace.
- Te pregunta y le interesan tus respuestas.
- Tiene licencia para cuestionarte si ve que te estás haciendo daño o que se lo haces a alguien.
- Quiere lo que es bueno para ti, aunque no sea lo que él querría.
- Te da generosamente lo mejor de sí mismo y sabe agradecerte lo que recibe de ti.
- Te regala lo más valioso que tiene: tiempo; puedes contar con él o ella cuando lo necesitas.
- Acepta y respeta tus decisiones y tu libertad, y no te exige ni reprocha.
- Te dedica gestos sensibles, bellos y generosos que te llegan al corazón.
- Te hace sentir que le importas de verdad.
- ...

¿De quién eres buen amigo o buena amiga? ¿Y cuántos amigos de verdad tienes? Los que solo te dan «like» no cuentan. En palabras de Andy Stalman, experto en identidad y *branding,* «el like es efímero, y en esta sociedad digital lo efímero es la norma: todo dura nada. El amor, las relaciones, la confianza... tardan mucho en construirse, no son efímeras».

TERCERA PARTE

La huella que quiero dejar
El propio lugar en el mundo

36

Tu regalo a la humanidad

Lo que hacemos con nuestra vida y lo que enseñamos a los hijos o alumnos a hacer con la suya es una huella en la eternidad.

Una sociedad crece y resplandece cuando los ancianos plantan árboles a la sombra de los cuales saben que tal vez nunca se sentarán.

Proverbio griego

Todo empieza por preguntarnos qué queremos hacer con la propia vida. ¿Quién soy? ¿Qué quiero? ¿De qué soy capaz? ¿Hacia dónde quiero ir? Son preguntas que todas las personas tenemos que formularnos y que los chicos y chicas empiezan a plantearse durante la adolescencia, y debemos que acompañarlos a encontrar las respuestas.

Hemos crecido pensando que tenemos que dejar en el mundo algo material. «Ten un hijo, planta un árbol y escribe un libro», y punto. Ya has saldado cuentas con la vida y quizá ya estés en paz. Pero lo que da realmente sentido al ser y a la existencia humana es dejar algún legado intangible. Por lo tanto, tenemos que formularnos otra pregunta esencial: ¿qué quiero dejar en el mundo a modo de contribución personal para que sea un lugar un poco más digno, amable y sostenible?

Puedo dedicarme simplemente a hacer bien lo que hago. Puedo crear algo nuevo, innovar en algún ámbito o aportar alguna idea singular. También puedo versionar algo ya existente, añadir mi propio bagaje y sello y entregárselo al mundo. No es necesario que todo el mundo invente cosas. Lo que sí que es necesario es enseñar a los jóvenes a ir más allá del copipega.

No se trata de perseguir grandes gestas ni de lograr hitos para deslumbrar. Se trata principalmente de hacer lo que hacemos amorosamente bien y de hacer el bien con lo que hacemos, de adecuar las acciones a las necesidades del contexto donde uno se encuentra y del mundo actual; de ser una persona buena, capaz de reconocer y agradecer lo que hacen los otros, y de celebrar la vida con ellos.

Para hacer lo que hacemos bien y con amor hay que tener sueños; escoger movidos por la ilusión; tener la convicción de que cualquier cosa que hagamos puede ser digna y bonita; contar con referentes que nos alienten, y ser capaces de aprender de lo que no sale del todo bien o como nosotros deseábamos.

Para hacer el bien con lo que hacemos, debemos dar una orientación y un sentido altruista a la vida, no estar centrados solo en nosotros mismos y en nuestro propio bienestar, sino también en el de los demás y en el progreso humano y la evolución conjunta.

Para adecuar nuestras acciones al contexto y en el mundo hace falta una actitud consciente y responsable, comprometida con la propia felicidad, con la evolución, con la humanidad y con la humanización; con las viejas y nuevas generaciones; con el planeta.

Para ser buenas personas tenemos que hacer un ejercicio inmenso y constante de generosidad y gratitud para con las generaciones que nos han precedido, las que nos rodean y las que vendrán.

Lo importante no es el árbol, sino que seas capaz de plantarlo, aunque sepas que tal vez no lo disfrutarás.

37

Soñar sin límites

¿Tenéis sueños (cuando estáis despiertos)? Para ser influencers debemos tenerlos y debemos creer en ellos.

Los sueños son imprescindibles porque nos hacen andar. «Hay que apuntar al infinito para avanzar un metro», dijo Joan Brossa. Tenemos que creernos que podemos llegar al infinito, aunque no lleguemos. Este es el sentido de la utopía según Galeano: no se llega nunca, pero nos pone en marcha.

Para empezar a andar debemos tener algún sueño o ilusión, un fuego interno que nos haga vibrar y movernos. Pero el éxito no es conquistar el sueño, sino lo que el sueño pone en marcha. Un sueño, lo cumplamos o no, siempre vale la pena por los descubrimientos, conocimientos y aprendizajes que nos brinda. El camino hacia el sueño es más importante que el propio sueño. Si nos preparamos bien, perseveramos y dejamos que la vida nos depare lo que tenga para nosotros, nos ofrecerá otros sueños o frutos que no imaginábamos. Y a veces no conseguirlo puede ser mejor todavía, pero esta perspectiva solo nos la da el tiempo.

Es tristísimo no ilusionarse por si te das un batacazo. Podemos tener los pies en el suelo y a la vez tener pájaros en la cabeza.

No resquebrajemos ni rebajemos nunca ningún sueño. Si decimos que es imposible, lo será. Si creemos que no podemos, no podremos. No hay que renunciar a la utopía porque sea utópica. Para poder tenemos que creer que podemos. «Si no ves la posibilidad de que un sueño se haga real, tampoco ves los pasos necesarios que tienes que dar para conseguirlo», dice Ken Robinson.

El hecho de actuar como si una cosa fuera posible tiene el poder de hacer posibles muchas más cosas. Si no llegas adonde querías, quizá llegues a un lugar mejor. En cualquier caso, el mejor sueño es sentirse bien con uno mismo, con tu vida y con las personas importantes que hay en ella.

Soñemos al por mayor, impulsemos a los jóvenes a soñar y a dejarse seducir por los sueños, porque unas veces los buscamos nosotros y otras son ellos los que nos encuentran.

38

«Buen/a adolescente» no es igual a «buen/a estudiante»

Solemos identificar buen o buena adolescente con buen o buena estudiante, como si no tuvieran nada más importante ni mejor que hacer que estudiar, como si las buenas calificaciones lo fueran todo. Quizá se siente solo o mal por dentro, paralizado por determinados miedos, o no acaba de encontrar su lugar..., pero si saca buenas notas no hay que preocuparse. O al revés: quizá está muy implicado en asociaciones o entidades sociales, sabe relacionarse muy bien o invierte tiempo en alguna afición o talento concreto..., pero pensamos que no saldrá adelante porque saca malas notas. Puede parecer exagerado, pero desgraciadamente está muy generalizado todavía. En una web dirigida a adolescentes, encontramos un post que lleva por título «Cómo tener una buena vida adolescente» con este consejo: «Estudia mucho [...] y, si no obtienes buenas calificaciones, pide ayuda». Entre padres y madres también es muy común la frase: «Tú tranquila, que te saca buenas notas».

Curiosamente, en uno de nuestros trabajos de campo, un 29 % de los adolescentes de entre diecisiete y dieciocho años manifiestan que el miedo más grande que tienen es a fracasar, un fracaso que vinculan directamente a los malos resultados académicos y al miedo a defraudar las expectativas familiares. Como madres, padres y educadores y educadoras tenemos que conseguir que el hecho de aprender, forjarse un camino y adoptar una actitud de mejora continua sea mucho más que la nota, sobre todo teniendo en cuenta que las notas valoran solo unos ámbitos muy restringidos y unos talentos determinados. «La escuela está concebida con una visión muy reducida de lo que es el éxito y una visión muy limitada de lo que es la inteligencia», dice Ken Robinson. Según él, nos desarrollamos en diferentes dimensiones: física, emocional, espiritual y social; tenemos varios talentos que la escuela no mide, y por eso mucha gente seguirá pensando que ha fracasado. Jaume Funes habla de generaciones que entran al sistema escolar y «mueren» educativamente. «Son adolescentes que salen hartos de la escuela y no quieren volver a ninguna aula». No tienen ningún deseo de seguir formándose porque «están convencidos de su propia inutilidad e incapacidad para aprender».

Es totalmente conveniente, por lo tanto, enseñarles a valorar que los ingredientes esenciales de una vida feliz y con sentido no derivan directamente de unos buenos resultados académicos. Al sobrevalorar las calificaciones podemos pasar por alto aspectos vitales imprescindibles y perder de vista que el verdadero reconocimiento tiene que ir dirigido a la persona, a aquello que son y a aquello que son capaces de hacer.

Un buen adolescente no equivale a un buen estudiante, sino a una persona inquieta que busca criterio y sentido; que se pregunta y confronta; que aprende, descubre y experimenta; que se apasiona y reflexiona; que empieza a conjugar idealismo y realismo, derechos y deberes, crítica e implicación social; que hace y quiere hacer cosas que le interesan y que interesen, que le gustan y que gusten, que le sirven y que sirvan. Ser un buen estudiante no es sacar buenas notas o escoger una carrera top, sino sentirse capaz y con ganas de aprender a lo largo de la vida, de hacer realidad el concepto de *lifelong learning* (aprendizaje continuo).

Los machacamos con las titulaciones y el expediente académico y hay personajes que son auténticos iconos del cambio y el desarrollo tecnológico del siglo xxi, como Mark Zuckerberg, que no tenía título universitario cuando creó Facebook. Tampoco lo tenía Steve Jobs. «No ir a la universidad no es ningún fracaso», dice el profesor y escritor David Cirici. «Lo único que no vale es no hacer nada y no querer hacer nada».

Dejemos de equiparar resultados escolares con éxito o fracaso en la vida; títulos académicos con valía o aptitud personal; más horas de estudio o de escuela con más y mejor aprendizaje; buenas notas con inteligencia; éxito con bachillerato o universidad; oficios que no requieren estudios superiores con oficios poco prestigiosos... Tener títulos no quiere decir ser más apto, más feliz ni más persona. Son las actitudes, las motivaciones y los vínculos que tejemos lo que hace que nuestra vida valga la pena.

39

Toca escoger estudios. ¿Y ahora qué?

¡Cuánta angustia y cuánta presión en cuarto de ESO y en segundo de bachillerato! Toca escoger estudios. Los chicos y chicas tienen que preguntarse a qué quieren dedicarse, hacia dónde quieren orientarse profesionalmente. Se trata de una decisión realmente importante para su futuro, pero ni es tan determinante como a menudo se piensa ni la tendrían que tomar sometidos a nuestras expectativas o a presiones externas.

La decisión es suya. Nosotros los podemos orientar, pero eligen ellos, y eso es algo que debemos tener muy claro. A nosotros nos toca impulsar sus sueños, no los nuestros a través de ellos y ellas. Los esfuerzos, las renuncias y la demora de la gratificación que comporta cualquier elección solo los podrán sostener si la decisión es suya. Si se dejan convencer a regañadientes por nosotros, su decisión se tambaleará más fácilmente ante posibles dificultades.

No hay que perder la calma si no se aclaran. No tener claro qué quieren hacer es lo más normal del mundo. Las dudas son naturales e inevitables en un momento como este. De hecho, lo son en cualquier decisión importante de la vida. Lo que no es normal es que los presionemos o que tengan que sacrificar sus sueños o inclinaciones por los deseos y pretensiones de los adultos de su entorno.

Cualquier elección es incierta y algunos lo llevan bastante mal. Pero, en vez de recibir palabras tranquilizadoras que infundan confianza y hagan que se sientan apoyados, chocan con los miedos, las prevenciones o los prejuicios de padres y maestros, que tenemos otros planes para ellos. Sus ilusiones se estrellan contra nuestras caras de decepción o desaprobación; con mensajes desafortunados como «Hacer esto es desaprovechar tu talento», o «Con la capacidad que tienes, deberías ir a la universidad», acaban escogiendo opciones que los alejan de sí mismos para ser quienes sus padres o maestros quieren que sean, y no quienes ellos son o quieren ser.

Impulsémoslos a escoger algo que les guste, porque son ellos quienes lo tendrán que hacer. Dejemos que escojan lo que quieran, apoyémoslos y tranquilicémoslos. Ni se juegan la vida ni es una decisión irreversible. En palabras de Auronplay, el youtuber que lidera la clasificación de los más seguidos en nuestro trabajo de campo, «si has empezado algo y no te gusta, lo puedes dejar, no vivirás en la calle entre cartones». Es evidente que cambiar de elección no es lo que te lleva a vivir entre cartones (son circunstancias mucho más duras y tristes), pero lo que sí que te puede complicar la vida es no pararte a descubrir qué sabes hacer y qué te gustaría ofrecerle al mundo.

40

El sentido de una profesión: tu contribución

¿Y si lo que escogen no tiene salidas? Lo que más nos preocupa es lo menos relevante. Primero, porque las salidas no las da la profesión, sino que las encuentran o las generan las personas. Segundo, porque, si solo pensamos en las salidas, se nos olvidará lo esencial: el sentido de una profesión. Tan o más importante que qué hacer es para qué hacerlo, y no tendríamos que esperar hasta cuarto de ESO o bachillerato para plantearlo: cuanto antes se sientan movidos por algún propósito o alguna ilusión, mucho mejor. Da igual que no sea lo definitivo, de lo que se trata es de soñar con algo, porque soñar te da alas, te hace avanzar y da sentido a las cosas.

Viene ilusionado y le decimos: «Con esto no te ganarás la vida, elige algo que tenga salidas». Nadie tiene una bola mágica para ver qué salidas tendrá en el futuro una persona o una profesión determinada. No tenemos ningún derecho a decidir por ellos ni a aplastar sus ilusiones. Después lamentaremos que no tengan ilusión.

¿En qué te gustaría brillar? ¿Qué tienes para ofrecer a tu entorno? ¿Qué contribución personal quieres hacer al mundo?

¿Qué huella te gustaría dejar a tu paso? Estas son preguntas ineludibles si queremos promover el deseo y las ganas de formarse y evitar un ejercicio banal, anodino, egocéntrico o puramente instrumentalista de la profesión.

Hay una gran diferencia entre ser peluquero o peluquera para ganarte la vida, porque te gusta peinar o porque te encanta poner guapa a la gente. Podemos hacer las cosas movidos por tres tipos de motivaciones: las extrínsecas, las intrínsecas y las trascendentes. Las extrínsecas hacen referencia a actuar para obtener recompensas externas: dinero, fama, éxito, reconocimiento... Las intrínsecas, a obtener recompensas internas: la satisfacción, el placer o la alegría que me proporciona hacerlas. Las trascendentes, a la satisfacción o la alegría que proporciono a los demás. Las más poderosas son las intrínsecas y las trascendentes. Las extrínsecas también son lícitas, pero un estudio que cita Catherine L'Ecuyer demostró que, si solo nos centramos en ellas, se extinguen las otras dos.

Dice Howard Gardner que «una mala persona no llega nunca a ser un buen profesional». Que no se logra del todo la excelencia si solo buscas satisfacer tu ego o tu ambición y no te comprometes con objetivos que vayan más allá de tus necesidades para satisfacer las de todos. No basta con utilizar adecuadamente la inteligencia: tenemos que saber combinarla con la ética. Lo que da sentido a una profesión es, pues, el deseo de contribuir positivamente al mundo. Sin esta contribución, puedes ser técnicamente bueno o hacerte rico, pero nunca serás excelente. Ser un buen profesional no se reduce a hacer el trabajo eficazmente; también debes hacer algún bien o aportar algo bueno.

41

Elegir movidos por la ilusión en lugar de por el miedo

¿Queremos ayudarlos a elegir bien? Aparquemos los miedos y las expectativas y apostemos decididamente por la ilusión y la confianza. Con ilusión y con un horizonte de sentido, los esfuerzos compensan, fluyen más fácilmente y no se viven como esfuerzos, sino como una expansión personal y vital.

¿Cuál es la mejor elección? Sin duda, la que los ilusiona y para la que tienen potencial para hacer bien. Escuchemos y animémoslos a escuchar sus sentimientos. Proporcionémosles estrategias para que puedan percibir y expresar lo que les dice su corazón o su intuición. Ayudémoslos a descubrir en qué pueden brillar y lucir, y demos prioridad a lo que les resuena, los mueve por dentro y para lo que tienen capacidad. «Todos los adolescentes tienen talento para algo», según el profesor de psicología Mihály Csíkszentmihályi.

¿Y si no tienen una vocación suficientemente clara? Hagámosles saber que algunas personas lo tienen claro enseguida, pero que otras pueden tardar más. No hay un camino único para llegar a una profesión; hay varios. Pueden escoger aquello que aman; pueden llegar a amar aquello que han elegido sin tenerlo tan claro al principio; incluso pueden idear opciones nuevas en las cuales quizá ellos tengan éxito y que la sociedad pueda necesitar en el futuro.

¿Y si lo que escogen no es definitivo o no aciertan a la primera? A veces conviene y es bueno que así sea. Cualquier elección puede ser un medio o un camino que les ofrezca nuevas salidas. No llegar a la meta deseada a la primera no significa fracasar, pues una equivocación puede ser una etapa necesaria en el camino hacia el éxito. A veces necesitan descubrir y experimentar primero lo que no les gusta para poder saber lo que les gusta de verdad. ¿Sabéis que una condición para entrar a trabajar en algunas empresas de Silicon Valley es haber fracasado en algún proyecto?

¿Y si pierden un curso? Un curso no se pierde nunca si se extrae algo positivo de él; si se deriva algún aprendizaje o descubrimiento importante que les sirve para conocerse mejor a sí mismos, habrá sido bueno o más que bueno. No acertar a la primera puede ser hasta una suerte y no un fracaso. A veces debemos equivocarnos para saber lo que no nos gusta. De hecho, algunos jóvenes necesitan un espacio de tiempo algo más largo para madurar, aposentarse, probar otras opciones y poder decidir con más criterio.

¿Y si...? ¿Y si...? ¿Y si...? ¿Y si dejamos que sueñen, que se arriesguen, que experimenten, que se equivoquen si es necesario y que hagan lo que ellos quieran? ¿Y si resulta que sale bien, aprenden y son felices?

42

Cualquier profesión puede ser digna y bonita

Tiene diez años y dice que cuando sea mayor quiere ser conductora de autobuses. Cuando su madre lo cuenta le dicen que no se preocupe, que es pequeña todavía y ya cambiará de opinión. Tiene dieciséis años y quiere ser camarero. Su padre le dice que ni hablar, que no será nadie, pero en cambio le gusta ir a bares y restaurantes y que le sirvan correctamente. Tiene catorce años y quiere ser dependienta. Le dicen que qué lástima, con la capacidad que tiene. Está en tercero de ESO y afirma que quiere ser mecánico. A su padre le dicen que lo importante es que sea feliz (o sea, le hablan de felicidad como premio de consolación). Está en segundo de bachillerato y quiere estudiar ciencias exactas. Le dicen que a qué se dedicará, que eso no sirve para nada.

¿Y vosotros? ¿Hacéis distinciones entre profesiones de primera y de segunda?

¿Habéis visto la película *Billy Elliot*? ¿Cuántos de los que en la ficción lamentamos que el padre se oponga a que el hijo sea bailarín diríamos en la vida real: «Adelante, hijo mío» si fuera nuestro hijo quien quisiera serlo? Hemos pedido a los alumnos de una clase que hicieran la prueba de decir en su casa que querían estudiar teatro, a ver qué ocurría, y no hubo ni una sola familia a la que le hiciera gracia. Si son buenos estudiantes, todavía menos. Los padres quieren que hagan algo de provecho. Pero el provecho es relativo y variable en un mundo en constante cambio. Dice la trapecista madrileña Zenaida Alcalde, referente en el mundo del circo y docente universitaria, que «hoy en día no es más seguro estudiar una ingeniería que dedicarte al circo».

¿Qué hace bonita una profesión? La competencia profesional y la vocación de servicio de quien la hace. Lo que dignifica lo que hacemos no es la etiqueta social que tenga ni tampoco el sueldo o el estatus que nos pueda proporcionar, sino las ganas de disfrutar y de ofrecer lo mejor de nosotros. Cualquier profesión es digna y bonita si la llevas a cabo con amor y dedicación.

Todas las profesiones pueden hacer feliz a quien las ejerce y ofrecer un buen servicio a quien las recibe. Si solo validamos y miramos con buenos ojos unas profesiones determinadas, no solo habrá otras muy necesarias que sufrirán un declive importante (ya está pasando), sino que crearemos insatisfacción en nuestros jóvenes y nos perderemos muy buenos profesionales. El bachillerato no es el único camino hacia el éxito, hay otros. Muchos jóvenes comienzan precisamente un camino mucho más exitoso cuando dejan la escuela y empiezan una formación profesional que les permite descubrir talentos y capacidades que hasta entonces habían pasado desapercibidos. Es obvio que el actual sistema educativo no está dando salida a determinados talentos y oficios, y en este sentido hay voces, como la de la investigadora y profesora de sociología de la Universitat Autònoma de Barcelona, Aina Tarabini, que reclaman que haya «carpinteros influencers». Es una manera de decir que el sistema educativo y la formación profesional tienen que actualizarse y hablar este nuevo idioma más motivador, cercano y atractivo, por el cual nosotras apostamos desde las primeras páginas de este libro.

Para conseguirlo y ser unos buenos influencers a la hora de ayudar a los chicos y chicas a escoger estudios, conviene que nos deshagamos de prejuicios y expectativas rígidas que puedan quitarles la ilusión y robarles posibilidades de futuro.

43

Referentes y «fracasos» que animan

«Para llegar a la madrugada no hay otro camino que la noche», dijo Khalil Gibran. Para llegar al éxito, muchas veces no hay otro camino que el fracaso.

La historia está llena de ejemplos de grandes profesionales que no han acertado o no han alcanzado reconocimiento al primer intento, o que no siempre han tenido el apoyo o la confianza de su entorno cercano, o que han tenido que superar grandes adversidades antes de conseguir el éxito.

Edison realizó casi mil intentos fallidos antes de inventar la bombilla y entendió cada intento fracasado como un paso más hacia el éxito. Richard Branson, creador y CEO del grupo Virgin, era disléxico y tuvo que abandonar la escuela a los dieciséis años porque le costaba seguir el ritmo. Dice que gracias a la dislexia adquirió grandes capacidades para los negocios. Daniel Pennac de pequeño sufrió disgrafía y los maestros lo dieron por perdido. Hoy en día es un escritor reconocidísimo en Francia y traducido a varias lenguas, gracias a un profesor que supo ver el potencial escondido bajo la etiqueta que le habían plantificado. Ferrán Adrià, un gran cocinero de fama internacional, consiguió que su restaurante fuera el número uno del mundo durante años sin haber ido nunca a la universidad.

Ken Robinson explica que los Beatles Paul McCartney y George Harrison fueron juntos a la escuela y a clases de música sin que nadie pensara nunca que tenían ningún tipo de talento para la música. A Elvis Presley, considerado el rey del rock, no lo dejaron formar parte del coro de su escuela porque su voz lo hubiera estropeado. A Mark Knopfler, guitarrista de Dire Straits y solista de éxito, le dijeron que no llegaría nunca a ninguna parte con la guitarra. A Ewa Laurance no le interesaban ni la geometría ni la física en la escuela, pero a los catorce años, mientras presenciaba una partida de billar, las vio plasmadas encima de la mesa. El billar la fascinó tanto que quiso dedicarse a ello. Sus padres se lo permitieron y entrenaba de seis a ocho horas diarias. Hoy es una de las mejores jugadoras del mundo.

¿Y vosotros? ¿Qué trabas os han hecho fuertes u os han ayudado? En nuestro entorno seguro que también hay ejemplos de grandes profesionales que han llegado donde están por caminos no siempre fáciles ni directos que pueden ser referentes. Debemos buscarlos y acercarlos a los hijos, hijas, alumnos y alumnas.

Debemos hacerles ver todo lo que hay detrás de cualquier trayectoria considerada exitosa. Además de pasión y talento, hacen falta muchas horas de entrenamiento, exactamente, un mínimo de diez mil, como demostró el periodista y escritor canadiense Malcolm Gladwell.

Por lo tanto, podemos concluir que un fracaso no tiene por qué ser irreversible, pero detrás de un éxito auténtico hay siempre gran dedicación y esfuerzo.

44

Se acaban los estudios. ¿Y ahora qué?

Cuando se acaban los estudios no acaba nada: prosigue la formación y se inicia una nueva etapa en la cual los títulos y conocimientos servirán de poco sin habilidades para la vida, capacidades personales, competencias socioemocionales y disposición a seguir aprendiendo.

En una jornada sobre innovación, Ignasi Aragay, subdirector del diario *ARA,* explicó que los finalistas para entrar a trabajar en el periódico tenían todos un gran currículo y que lo que impulsó la decisión final fue la parte personal. Pablo Gonzalo, director del proyecto Escuelas Creativas de la Fundación Telefónica, corroboró que, efectivamente, ya no se miran tanto los currículos, sino los proyectos y las cosas que han hecho las personas. Se valora también mucho cómo explican esa trayectoria, con quién han trabajado y por qué.

Pero resulta que hay jóvenes con trayectorias brillantes, doctorados y másteres de prestigio que quizá no tengan las habilidades personales que el mercado actual necesita y valora. Y es que, como dice el profesor de economía Manuel A. Hidalgo, «lo que les pide el mercado de trabajo cada vez se aprende menos en un aula. Y no porque se aprenda en la calle, sino porque las aulas no están preparadas para enseñar este tipo de habilidades. Lo importante no es qué estudias, sino si estudias. Y no necesariamente una carrera».

A menudo ocurre que estudiantes con carrera universitaria se crean unas falsas expectativas muy elevadas y se acaban estrellando contra la realidad laboral. Es cuando accedes al puesto de trabajo cuando te das cuenta de si realmente has aprendido a trabajar en equipo, a modular tus emociones y reacciones bajo presión, a ser versátil, a ponerte al servicio de un proyecto, a tener iniciativa y paciencia para seguir aprendiendo...

Las grandes empresas tecnológicas y diversas corporaciones ya no exigen un grado universitario, sino este otro tipo de capacidades a las que nos hemos referido varias veces. Las titulaciones son importantes y lo seguirán siendo en el momento de considerar si se contrata a un candidato para un determinado puesto de trabajo. Ahora bien, han dejado de ser un pasaporte directo a una buena oportunidad.

Lo primero que deben aprender hijos e hijas y alumnos y alumnas que van a estudiar fuera o que emprenden estudios posuniversitarios o profesionales de cierta envergadura es que el crecimiento interior, las habilidades personales y el bagaje humano que la experiencia proporciona es tan o más importante que los conocimientos adquiridos. También deben ser muy conscientes de que han de aspirar siempre a trabajar en lo que les gusta pero teniendo en cuenta que quizá eso no sucederá enseguida. Puede tardar un tiempo largo en suceder, e incluso puede que no pase. No obstante, no deben dejar de desearlo ni de confiar en ello, pero posiblemente pasarán un tiempo haciendo otras cosas que tendrán que aprender a llevar a cabo correctamente y conseguir que en alguna medida les gusten. Otra buena alternativa es convertirse en emprendedores y ofrecer nuevas opciones y servicios profesionales, inexistentes en el mercado actual, pero posiblemente muy necesarios en un futuro cercano.

45

Mind the gap!

A los educadores y educadoras nos iría bien que nos recordaran cada día, como en el metro de Londres, que tengamos cuidado con «la brecha»: *Mind the gap*. Han cambiado la sociedad, el mercado laboral, las familias, las relaciones, el acceso a la información y su volumen, los canales y formas de comunicación, los hábitos de consumo y la caducidad de los objetos que adquirimos.... Ha cambiado incluso la propia concepción del ser humano. Hemos pasado de definirnos como seres racionales a tener la constatación neurocientífica de que somos también seres emocionales, que ni razón ni emoción funcionan bien separadamente y que sin emociones no hay aprendizaje (con exceso de emociones tampoco), y menos aún significativo y perdurable. Pero a menudo seguimos educando como si nada de esto hubiera sucedido.

El mundo actual es muy diferente del de nuestros padres y abuelos y del que hemos vivido de jóvenes la mayoría de nosotros. Pero muchas de nuestras escuelas, propósitos, procedimientos y criterios educativos continúan siendo los mismos o muy similares. De hecho, es una de las críticas que nos formulan los chicos y chicas entrevistados: no nos hemos adecuado a los cambios y a los nuevos contextos educativos y sociales; comparamos permanentemente nuestra época con la suya y nos resistimos a desprendernos de los patrones de la educación tradicional.

Focalizamos la innovación y la motivación en el currículo y seguimos sin prestar la atención adecuada a algo esencial: la VIDA, en mayúsculas, lo que ocurre dentro de las personas y entre las personas, lo que nos mueve en el día a día y en las interacciones con los demás y con el mundo. Disponer de inteligencia emocional y de habilidades sociales son dos de los grandes requisitos del éxito laboral actual y de un futuro cada vez más robotizado. Nos tenemos que plantear cómo desarrollar también nosotros, no solo los chicos y chicas, este tipo de competencias globales transversales que nos mejoran como profesionales y como personas. Y esto pasa seguramente por redefinir los entornos de aprendizaje. Cambiar esto puede querer decir romper con ciertas rigideces de la cultura escolar todavía presentes en algunos ámbitos. Si no, la brecha entre las cuatro paredes del aula y la realidad exterior será cada vez más grande.

¿Sabéis qué es profundamente innovador y potencialmente motivador en contextos cambiantes y complejos como el actual? La conexión humana. Vibrar sobre todo con las personas y la vida, no solo con el aprendizaje o el saber. En realidad, siempre ha sido así. Os proponemos un ejercicio simple. Pensad en un maestro o maestra que haya sido una buena influencia para vosotros. ¿Qué es lo más importante que recordáis de esta persona: sus cualidades personales o las puramente académicas? Más del 95 % de las personas recuerdan y valoran sobre todo las personales. Esto no significa que el saber y el conocimiento no sean importantes; un buen profesional brilla en ambas cosas, en el saber y en la sensibilidad. Pero, ciertamente, lo que de verdad cuenta es cuántos alumnos y alumnas os pondrían en la lista de educadores o educadoras influencers de su vida; cuántos dirían que habéis llegado a su corazón o que habéis dejado alguna huella perdurable en ellos.

Si tenemos que ayudarlos a dejar su propia huella en el mundo, primero debemos dejarles alguna huella poderosa nosotros. Preocupaos menos del currículo y más de lo que les importa a los chicos y chicas; menos de sus resultados y más de sus necesidades, sentimientos y experiencias de vida. Debemos interesarnos no solo por el conocimiento, sino también por conocerlos, y por el conocimiento y la comprensión que tienen de ellos mismos, de los demás y de la época que les ha tocado vivir. Preguntaos de vez en cuando si sois educadores o educadoras que conectáis profundamente con las personas y la vida. *Mind the gap!*

46

Fusionar «emohumanidad» y metaconectividad

Javier Elzo señaló con gran acierto, hace bastante más de una década, la diferencia que había entre valores ya caducos de la modernidad y valores emergentes de lo que él denominó «posmodernidad». En aquellos momentos, él hablaba de la transición de lo absoluto a lo relativo, de la unidad a la diversidad, del esfuerzo al placer, de la razón a la emoción, de lo masculino a lo femenino, del papel a la pantalla... Mientras social y educativamente nosotros todavía estamos en proceso de adaptación a muchos de estos valores, las revoluciones tan grandes que ha habido y que habrá en los ámbitos de la información, la tecnología, la neurociencia, la ecología, la inteligencia emocional y la inteligencia artificial, entre muchos otros, exigen tres cosas: la recuperación y la redefinición de algunos valores de siempre (como el autoconocimiento o la honestidad); la creación de significados nuevos (como la resiliencia o la automotivación), y, sobre todo, la fusión de ambos, para poder sostenernos y sostener todos estos cambios.

Se trata de valores híbridos que surgen de trascender y fusionar dualidades que han estado claramente disociadas, cuando no contrapuestas. Es la era de las simbiosis entre conceptos, entes, actitudes y capacidades que ya no pueden funcionar solos: neuroeducación, razón y emoción; *Homo sapiens* y *Homo sentiens;* información-biología-sociedad y tecnología; escuela y empresa; personas y robots; inteligencia humana y algoritmos; realidad aumentada y realidad física... Dice el filósofo francés Edgar Morin que «tenemos que sustituir el pensamiento que aísla y separa por el pensamiento que distingue y conecta. Hay que reemplazar el pensamiento disyuntivo y reduccionista por un pensamiento de la complejidad, en el sentido originario del término *"complexus"*: lo que se ha tejido conjuntamente». Está claro que no podemos dejar fuera nada de lo que ya es, de lo que forma parte y de lo que viene e irá viniendo.

Todo esto nos lleva a proponer la idea y el término «metaconectividad», un nuevo concepto híbrido que hace referencia a la necesidad de ser personas conectadas con nosotros mismos, con los demás y con un mundo cambiante como el nuestro; personas con capacidad de establecer conexiones que unan e integren aspectos duales de la realidad; que contemplen y engloben esta pluridimensionalidad, para seguir tejiendo sinergias y avanzar de una manera individual y socialmente integradora, que sea pacificadora. Y, junto al concepto de «metaconectividad», proponemos otro concepto imprescindible en la era actual, que ya hemos mencionado anteriormente: la «emohumanidad», es decir, el ser humano consciente y emocionalmente inteligente, capaz de avanzar hacia la integración de todas sus dimensiones.

47

«Que todo te vaya bien»

Pots passar pel món plorant.
Pots fer un pas cap endavant.
Res no és mai per sempre, es pot canviar.
Dins del cercle constant
les vides que vindran
seran el fruit dels dies que se'n van.

Puedes pasar por el mundo llorando.
Puedes dar un paso hacia delante.
Nunca nada es para siempre, se puede cambiar.
Dentro del círculo constante
las vidas que vendrán
serán el fruto de los días que se van.

SOPA DE CABRA, *Cercles*

Todo principio tiene o puede tener un final y todo final puede ser un nuevo principio. La vida es una sucesión de pequeñas y grandes historias, etapas, relaciones... que empiezan y se acaban. Pero venimos de sistemas estáticos que nos hicieron creer que todo era perdurable. Nos enseñaron a ser fieles al trabajo, la pareja, el rol de madre o padre, y hemos tenido que descubrir, traumáticamente a veces, que nada dura para siempre. A menudo se acusa a las nuevas generaciones de su incapacidad para asumir compromisos a medio o largo plazo, y esto puede no tener que ver con el compromiso. Las transformaciones tan grandes en diferentes ámbitos, como la familia o el mundo laboral, han llevado a los chicos y chicas a normalizar los cambios y a vivir en un constante recomenzar. Esto, que por un lado es bueno, por otro puede conducir a una inconsistencia generalizada y derivar en una gran fragilidad.

Como adultos influencers se nos plantea un doble reto. Por un lado, concienciarlos de que todo lo nuevo que comenzamos es fruto de lo que hemos vivido anteriormente. Por otro, enseñarles a buscar y a procurarse experiencias vitales positivas y a cerrarlas adecuadamente cuando se acaban. Quizá un trabajo o una relación no serán para siempre, pero mientras duran es necesario que actúen como si lo fueran, que aporten siempre lo mejor de sí mismos y que se lleven un buen bagaje con ellos para las siguientes etapas. Es este el compromiso que les tenemos que enseñar, no el del tiempo, que es incierto y no siempre depende de nuestra voluntad; el compromiso de la implicación plena en todo lo que hacen y la coherencia personal, que sí está totalmente en sus manos.

¿Los hijos se van de casa? ¿Ha cambiado el mundo que conocíamos? ¿Se ha acabado un trabajo?, ¿una relación? Nosotros somos los primeros que tenemos que saber soltar y dejar marchar etapas y personas, despidiéndonos como es debido, procurando una buena integración de lo que hemos vivido o compartido, y elaborando narrativas sanas que nos aporten sentido y nos impulsen a seguir adelante con ilusión y esperanza.

Una de las cosas que contribuyen a tener un buen final, tanto en las relaciones como en determinadas etapas vitales, es anticipar la posibilidad de que ese final se produzca cuando apenas estamos comenzando, que es algo que no nos gusta mucho hacer y, en consecuencia, no solemos hacer.

No es fácil despedirse de una persona amada que decide irse de nuestro lado sin que nosotros lo queramos. Pero la salud emocional requiere aprender a asumirlo, pasando obviamente por el luto que representa, especialmente en la adolescencia, cuando experimentan las primeras rupturas. A pesar de que, como la canción de Txarango, «haya noches que todavía nos pesan», nuestros jóvenes tienen que ver que «no hemos dejado de caminar» y que, a pesar de las emociones difíciles que nos habitan, en las despedidas somos capaces de decir —incluso a ellos—: «Que encuentres todo lo que buscas, que todo te vaya bien».

48

Sé un corazón agradecido

Gracias, querida lectora, querido lector, por escogernos y por haber llegado hasta aquí. Gracias por querer ser una educadora o educador influencer. Gracias por tu compromiso con las nuevas generaciones.

MONTSE Y EVA

Muchas veces dedicamos más tiempo y energía a quejarnos y lamentarnos que a agradecer y celebrar. A menudo se nos olvida dar las gracias. «Cuando bebas agua, recuerda la fuente», dice un proverbio árabe. Aun así, cultivar la gratitud es bastante más que dar las gracias. Es la expresión de un sentimiento generoso, auténtico y profundo de reconocimiento por lo que los otros nos dan, nos ofrecen o simplemente representan en nuestra vida.

Nos habituamos a recibir y a dar por supuesto que lo que nos dan nos corresponde y nos lo merecemos, y ya no percibimos la generosidad y la entrega que hay detrás de muchos actos. Nos quejamos cuando lo hacen los y las adolescentes, y es bien cierto que muchas veces dan por hecho que lo que hacemos por ellos o ellas «es lo que toca y solo faltaría que no lo hiciéramos». Ahora bien, también muchos adultos tenemos dificultades para dar las gracias y todavía más para sentir y expresar gratitud por pequeñas o grandes cosas que los otros saben, nos muestran, nos descubren, nos dedican o nos proporcionan.

Desde pequeños les preguntamos a los niños y niñas cuando les dan algo: «¿Qué se dice?». Con suerte, aprenden a dar las gracias, pero no necesariamente a sentir gratitud. Los podemos obligar a pronunciar una fórmula de cortesía, pero no a desarrollar el sentimiento que la acompaña. Los sentimientos los tenemos que irradiar y contagiar a partir de la propia actitud y la habilidad para hacerlos explícitos. La gratitud requiere humildad y práctica diaria. El impacto es muy grande si somos constantes.

Hay una gran variedad de propuestas para desarrollar en el aula o en casa, algunas muy sencillas, como pensar cada noche en algo que nos haga sentir agradecidos. Cabe decir que sentir agradecimiento y no expresarlo no sirve de mucho, porque al otro no le llega. Para habituarnos a expresarlo, hay fórmulas también fáciles, como dar las gracias nombrando a la persona y el hecho que le agradecemos, tal como hemos querido hacer nosotras en el encabezamiento de este capítulo.

La gratitud es indispensable para que todas las personas de todas las edades nos sintamos reconocidas, y además es una actitud prosocial que, para Rébecca Shankland, psicóloga, profesora universitaria e investigadora de la gratitud, favorece la integración y el altruismo. Señala que, en un estudio realizado con setecientos adolescentes, se demostró que la disposición al agradecimiento facilitaba la integración social seis meses más tarde.

La gratitud no tiene tanto que ver con lo que nos pasa externamente como con la actitud interna de alegrarse de estar vivos y el sentimiento de que la vida vale la pena a pesar de todo, que nos empuja a cuidarla y a devolverle lo que nos da.

49

Cuidar la casa de todos

Hasta ahora hemos desarrollado y os hemos ofrecido unas cuantas herramientas para contribuir al crecimiento como personas y a la mejora de las relaciones, en especial las que se dan entre cualquier persona que pueda ejercer una influencia educativa y los chicos y chicas. En este capítulo queremos hacer mención de la necesidad de asumir también el compromiso y la responsabilidad de cuidar el vínculo con el planeta, la biosfera y los ecosistemas naturales y humanos. Normalmente solo tenemos en cuenta todo eso cuando nos comporta un ahorro económico o no nos supone un gran esfuerzo. Hemos conversado con un par de especialistas (un profesor de biología y un ambientólogo) que inciden en la necesidad de construir una cultura que vaya mucho más allá, basada en sentimientos profundos y arraigados internamente, que nos lleven a reducir el impacto ambiental y las desigualdades humanas, a devolver a la tierra lo que proviene de la tierra; en definitiva, «a preservar la casa de todos».

Oímos hablar mucho de ecologismo y sostenibilidad, pero muy a menudo se plantea con una orientación estrictamente negativa y fatalista. Nos transmiten el miedo a la catástrofe en vez de lo que el filósofo polaco Henryk Skolimowski denomina «una actitud reverencial y compasiva» hacia la Tierra y todas sus criaturas que nos lleve a transformar nuestra actual conciencia mecanicista en una conciencia ecológica. Se llevan a cabo campañas que, a través de pequeñas acciones, intentan fomentar hábitos de consumo responsable (como el reciclaje, el transporte público, la reducción de los plásticos, el ahorro de agua...), que, si bien tienen que existir, no han conseguido normalizarse en el conjunto de la población como una actitud interna y distan mucho todavía de lo que tendría que ser un verdadero acto de cuidado, aprecio y respeto por la vida en todas sus formas.

Dice María González, activista de Ecologistas en Acción, que «necesitamos que haya una alfabetización ecológica y una nueva cultura de la tierra, más emocional que racional, más digna y equitativa, basada en la cooperación, la sostenibilidad y el cuidado, en lugar de la competitividad, el crecimiento ilimitado y la destrucción». Tenemos que orientarnos hacia nuevos conceptos como el ecologismo emocional o la economía circular, entre otros, que nacen de esta actitud interna sensible, generosa y comprometida que entre todos debemos ayudar a forjar. Precisamente muchas de las iniciativas mundiales actuales orientadas en esta dirección están lideradas por jóvenes, como el movimiento Youth for Climate, fundado y promovido en septiembre de 2018 por Greta Thunberg, una chica sueca de dieciséis años; o el denominado Fridays for Future, inspirado en el primero y promovido en toda Europa también por jóvenes menores de veinticinco años que todos los viernes abandonan las aulas para hacer oír su voz contra el cambio climático.

Entre los diecisiete objetivos de Desarrollo Sostenible 2016-2030 fijados por la Unesco encontramos no solo las iniciativas más esencialmente ambientalistas, dirigidas a la acción climática y a la preservación del agua, de la energía, de las especies o de la vida terrestre y marítima, sino también otras igualmente importantes encaminadas a dignificar y mejorar la vida de todas las personas y sus hábitats, como el fin del hambre y la pobreza, la educación inclusiva y de calidad, la igualdad de género, la salud y el bienestar, la paz o la justicia.

El cuidado de «la casa de todos» no tendría demasiado sentido sin el cuidado de quienes la habitamos. En el momento en que estamos escribiendo este libro, según la agencia de la ONU, hay 69 millones de personas desplazadas o refugiadas en el mundo debido a guerras, violencia o persecución por motivos políticos, religiosos o étnicos; una cifra récord por quinto año consecutivo. Esto inevitablemente debería hacer que nos plantéaramos qué actitudes son necesarias y qué pequeñas acciones cotidianas podemos realizar para contribuir a la dignidad de las personas y a la transformación y mejora de nuestro mundo.

Desde casa, desde la escuela y también desde estas extraordinarias iniciativas que representan hoy en día las Ciudades Educadoras, tenemos que crear espacios para desarrollar las individualidades, espacios para fortalecer la comunidad y espacios para generar posibilidades. Debemos educar para comprender que cualquier acción individual tiene una repercusión global y debemos ejecutar un conjunto bastante más amplio y determinado de acciones concretas para que el desarrollo sostenible y solidario sea una praxis cotidiana consciente y responsable. Es con esta actitud de práctica y responsabilidad continua como conseguiremos lo que verdaderamente hace falta: crear e integrar el hábito. Solo la suma de las pequeñas acciones de cada uno puede incidir en el derroche de alimentos, por ejemplo. Lo que dejo en el plato no cubre la necesidad inmediata de alguien que lo necesite, pero concienciarse de ello y reducir el exceso a gran escala puede tener importantes consecuencias en la producción y en la posterior distribución de los alimentos.

Venimos a la vida a cuidar un jardín que otros plantaron y que nos ha sido legado durante un tiempo. Tenemos el compromiso ineludible de hacerlo resplandecer y de traspasarlo en las mejores condiciones posibles.

50

Vive una vida que recuerdes

He said, «One day you'll leave this world behind.
So live a life you will remember».

AVICII, *The Nights*

En vez de contarte cómo es una vida digna de ser recordada, te invitamos a que lo descubras a través de algunos fragmentos de vidas plenamente vividas de personas que han tenido el coraje de perseguir sus sueños.

Todas han tenido que dejar atrás los cánones imperantes y han conseguido que llegar adonde deseaban haya sido un camino no tanto para disfrutar del éxito como para celebrar a fondo instantes de vida y de conexión con los demás, que antes les pasaban desapercibidos o no saboreaban tanto como ahora.

> Ansío levantarme por las mañanas; muchas veces no puedo ni dormir porque quiero probar cosas nuevas. ¿Cuánta gente puede decir que ha tenido esta sensación?

Rodney Mullen, americano, 46 años. Skater profesional, inventor y pionero del *street skate* moderno. Uno de los skaters más influyentes de la historia.

TEDTalks: «Haz un 'ollie' y sé innovador»
<https://www.ted.com/talks/rodney_mullen_
pop_an_ollie_and_innovate?language=es>

Explica el periodista de Marramedia, Marc Fontrodona, que el surfista vasco Kepa Acero, antes de sus viajes por el mundo, suele tomar un café con sus padres. La madre le prepara un bocadillo de tortilla de patata y el padre lo acompaña en coche a la parada del bus. Un día se olvidó el bocadillo, y su madre, cuando se dio cuenta, cogió el coche a toda leche para llevárselo a la parada.

Fue lo más bonito del viaje y me pasó tan solo al cabo de una hora de haber salido, dice él.

Kepa Acero, vasco, 38 años. Surfista profesional, campeón júnior de Europa, aventurero y explorador.

Webisode 1: «Haz tus sueños realidad»
<https://youtu.be/hMW3Xc571xU>

Sube por primera vez a una tabla de snowboard a los seis años. En 2008, con diecinueve, marcha a Nueva Zelanda, donde conoce a Ben, que se convierte en su pareja y entrenador. Unos años después, a él le diagnostican dos tumores cerebrales y en

2015 se suicida. A ella le resulta muy difícil retomar su carrera. Estaba muy triste y no sabía qué hacer; volvió a casa, se quedó allí unos meses... Llegó un momento en el que decidió ir a la nieve, a ver qué ocurría.

> Tenía que intentarlo... En el primer momento que toqué la nieve sentí felicidad, me di cuenta de que las cosas volvían a tener sentido. Es la montaña, la nieve, la naturaleza, aquello que me ha llevado a ser quien soy y a aprender todo lo que sé. [...] Tenía que volver a empezar desde una perspectiva diferente porque esta vida no se volvería a repetir. [...] Sería precisamente el snowboarding lo que me ayudaría a continuar mi vida, a salir adelante. [...] Cuando decido retomar el snowboard es como conquistar mi vida y mi persona de nuevo, volver a cuidar de mi piel. [...] Es lo que me ha dado los momentos de más felicidad y en este momento es cuando entiendo que es adonde yo pertenezco. [...] He renacido como persona y deportista.
>
> QUERALT CASTELLET, catalana, 29 años. Una de las mejores snowboarders del mundo y la más galardonada de España. Después del episodio más duro de su vida y de haber estado a un paso de dejar el snowboard, ha sabido resurgir y volver a estar entre las mejores, como señala Ander Ordoño.
>
> RedBull TV: «*Ride to the roots: Queralt Castellet*»: <https://www.redbull.com/es-es/ride-to-the-roots-queralt-castellet-documental>

Hemos escogido estos ejemplos para mostrar que hay caminos diversos y apasionantes fuera de los convencionales y que lo más importante es encontrar aquello que te hace vibrar y que te conecta con tu esencia, porque es lo que te sostiene, lo que te arraiga nuevamente a la vida y te da fortaleza en los momentos de fragilidad.

Nos ha resultado entrañable y emotivo descubrir los retales de humanidad y de grandes valores que hay detrás de las historias de vida de estas personas, que practican deportes extremos y que en algunos casos han sufrido accidentes serios. Desde fuera podemos pensar que se juegan la vida, pero cuando los conoces algo mejor te das cuenta de que la aman profundamente. En cualquier caso, decía Osho que «la verdadera cuestión no es si hay vida después de la muerte, la verdadera cuestión es si tú estás vivo antes de la muerte», y estos jóvenes lo están. El gran poeta Rafael Alberti también decía que «la vida es como un limón: que te tiren a la mar exprimido y seco». Si la muerte viene a buscarnos, mejor que nos encuentre muy vivos y con los bolsillos muy llenos de amor y bellos momentos.

Los verdaderos protagonistas de este libro, los y las adolescentes a quienes hemos querido escuchar —y seguiremos escuchando— para configurar una nueva y necesaria mirada y convertirnos en la mejor influencia para ellos, nos han expresado de una manera a la vez sencilla y profunda varias cosas que tenemos que aprender los adultos. También nos han enviado una serie de mensajes muy vitalistas. Uno de cada cuatro nos han dicho que es muy conveniente estar menos amargados, conectarnos más a la vida, soñar, reír, disfrutar más del momento e incluso arriesgarnos a transgredir. Estas son algunas de sus recomendaciones más bonitas:

- «Vive la vida, solo tenemos una» (Yazid, 17 años).
- «Disfruta el momento y no pienses en la perfección del momento» (Berta, 13 años).
- «Vive cada momento, no sufras por la lavadora» (Ariadna, 13 años).
- «Míralo todo con más tranquilidad» (Héctor, 15 años).
- «Relájate y desconecta» (Nilo, 13 años).
- «Ten el gusto de aprender y de vivir nuevas experiencias» (Carla, 14 años).
- «Sé menos exigente y tómate la vida con más buen rollo» (Àlex, 16 años).
- «Haz más piña con la otra gente» (Natàlia, 14 años).
- «Hay seguro gente buena a tu lado» (Alba, 13 años).
- «Disfruta, diviértete y sueña, el dinero no te traerá lo que es esencial» (Víctor, 16 años).
- «La edad no importa si quieres hacer algo. Puedes conseguirlo siempre» (Piero, 13 años).
- «Disfrutar de la vida no quiere decir dejar de hacer cosas útiles para la vida» (Agustina, 21 años).
- «No pierdas nunca el niño que llevas dentro. Ríe más. Muchos adultos estáis preocupados por mil cosas cuando os explican un chiste» (Ola, 13 años).
- «Aprende a quererte algo más a ti mismo. A no descuidarte» (Júlia, 14 años).
- «Abre la mente, el mundo se puede ver desde muchos puntos de vista» (Fátima, 16 años).

Deseamos de todo corazón que te guste tu vida y las personas que hay en ella; que tengas siempre algún sueño; que tu mirada sea abierta, confiada y posibilitadora; que seas una madre o un padre, tía o tío, abuelo o abuela, padrino o madrina, maestra o maestro, profesor o profesora, tío abuelo o tía abuela, amigo o amiga, hermana o hermano, primo o prima, vecina o vecino, educadora o educador, incluso un alumno o una alumna, una hija o un hijo... verdaderamente influencer.

Referencias bibliográficas

Bibliografía y webgrafía

Amela, V. (2018), *Los inspiradores de Amela: sabiduría esencial de todos los tiempos*, Barcelona, La Vanguardia.

Blakemore, S. J. (2018), *Inventing Ourselves: The Secret Life of the Teenage Brain*, Nueva York, PublicAffairs, Hachette Book Group.

Bolinches, A. (2010), *El arte de enamorar*, Barcelona, Debolsillo.

Bueno, D. (2017), *Neurociencia para educadores*, Barcelona, Octaedro.

Cabero, M. (2012), *Invertir en felicitat: psicologia i coaching aplicats a la felicitat*, Barcelona, UOC.

Capdevila, C. (2017), *La vida que aprenc*, Barcelona, Arcàdia.

— y Cyrulnik, C. (2017), *Diàleg*, Barcelona, Gedisa.

Carpena, A. (2016), *La empatía es posible. Educación emocional para una sociedad empática*, Bilbao, Desclée de Brouwer.

Casafont, R., y Casas, L. (2017), *Educarnos para educar: neuroaprendizaje para transformar la educación*, Barcelona, Paidós Ibérica.

Castellanos, L. (2017), *Educar en lenguaje positivo: el poder de las palabras habitadas*, Barcelona, Paidós Educación.

Csíkszentmihályi, M.; Rathunde, K., y Whalen, S. (1997), *Talented Teenagers: The Roots of Success & Failure*, Oxford University Press.

Comte-Sponville, A. (2001) *La felicidad, desesperadamente*, Barcelona, Paidós.

Corkille, D. (1994), *El niño feliz: su clave psicológica*, Barcelona, Gedisa.

D'Ors, P. (2014), *Biografía del silencio*, Madrid, Siruela.

Drouot, P. (2011), *La revolución del pensamiento integral: cómo realizarse en el mundo de hoy en día*, Barcelona, Luciérnaga.

Elzo, J. (2008), *La voz de los adolescentes*, Madrid, PPC.

— y Castiñeira, A. (2012), *Valores blandos en tiempos duros: la sociedad catalana en la Encuesta Europea de Valores*, Barcelona, Proteus.

Funes, J. (2018), *Quiéreme cuando menos lo merezca... porque es cuando más lo necesito*, Barcelona, Paidós Ibérica.

Garriga, J. (2008), *Vivir en el alma: amar lo que es, amar lo que somos y amar a los que son*, Barcelona, Rigden Institut Gestalt.

Ginzburg, N. (2002), *Las pequeñas virtudes*, Barcelona, Acantilado.

Guardiola, I. (2019), *El ojo y la navaja. Un ensayo del mundo como interficie*, Barcelona, Arcadia.

Gutiérrez, C. (2015), *Entrénalo para la vida*, Barcelona, Plataforma.

Harari, Y. N. (2019), *21 lecciones para el siglo XXI*, Barcelona, Debate.

Jubany, J. (2017), *¿Hiperconectados? Educarnos en un mundo digital*, Valls, Lectio.

Labbé, B. I, y Puech, M. (2002), *La felicitat i la tristesa*, Barcelona, Cruïlla.

L'Ecuyer, C. (2012), *Educar en el asombro*, Barcelona, Plataforma.

Lipton, B. (2007), *La biología de la creencia*, Madrid, Palmyra.

López, D. (2014), *Biología de la homosexualidad*, Madrid, Síntesis.

Manen, M. van (1998), *El tacto en la enseñanza: el significado de la sensibilidad pedagógica*, Barcelona, Paidós.

Marina, J. A. (2014), *El talento de los adolescentes*, Barcelona, Ariel.

Martínez, E. (2017), *Bajo la piel del lobo: acompañar las emociones con los cuentos tradicionales*, Barcelona, Graó.

Millet, E. (2018), *Hiperniños*, Barcelona, Plataforma.

— (2016), *Hiperpaternidad*, Barcelona, Plataforma.

Montagu, A. (2004), *El tacto: la importancia de la piel en las relaciones humanas*, Barcelona, Paidós.

— y Matson, F. (1983), *El contacto humano*, Barcelona, Paidós.

Morin, E.; Roger, E., y Motta, R. D. (2009), *Educar en la era planetaria*, Barcelona, Gedisa.

Pozo, J. M. del (2014), *Educacionari: una invitació a pensar i sentir l'educació a través de seixanta conceptes*, Barcelona, Edicions 62.

Robinson, K. (2009), *El elemento: descubrir tu pasión lo cambia todo*, Barcelona, Debolsillo.

Rodríguez, P. (2018), *Inteligencia artificial: cómo cambiará el mundo (y tu vida)*, Barcelona, Deusto.

RojasMarcos, L. (2009), *La autoestima: nuestra fuerza secreta*, Madrid, Booket.

Romera, M. (2017), *La familia, la primera escuela de las emociones*, Barcelona, Destino.

Seligman, M. (2004), *Aprenda optimismo: haga de la vida una experiencia maravillosa*, Barcelona, Debolsillo.

Serres, M. (2014), *Pulgarcita*, Barcelona, Gedisa.

Shankland, R. (2018), *Los poderes de la gratitud*, Barcelona, Plataforma.

Siegel, D. (2014), *Tormenta cerebral: el poder y el propósito del cerebro adolescente*, Barcelona, Alba Editorial.

Subirats, M. (2017), *Coeducación, apuesta por la libertad*, Barcelona, Octaedro.

Tannen, D. (2007), *¿Piensas salir vestida así? Comprender la comunicación entre madres e hijas*, Barcelona, RBA.

Tolentino, J. (2017), *Pequeña teología de la lentitud*, Barcelona, Fragmenta.

Artículos

Aiats, A.: «Carpinteros "influencers" contra el abandono escolar», *El Món*, 8 de noviembre de 2018, <https://www.viaempresa.cat/economia/abandonament-escolar-prematur-fp_203713_102.html>

Corbella, J.: «Sobrevalorar a los hijos hace que se vuelvan narcisistas», *La Vanguardia*, 18 de marzo de 2015., <https://www.lavanguardia.com/bigvang/cuerpo- humano/20150310/54428861367/narcisismo-autoestima-ninos- padres-hijos-infancia.html>

Europapress: «Un promedio de 150 veces al día consultamos nuestro móvil los españoles», 15 de julio de 2016, <http://www.europapress.es/otr-press/cronicas/noticia-promedio-150-veces-dia-consultamos-movil-espanoles-20160715153421.html>

Fábregas, L.: «Los 'youtubers' científicos que retan a la élite académica», *Crónica Global*, 18 de febrero de 2017, <https://cronicaglobal.elespanol.com/creacion/youtubers-cientificos-retan-elite-academica_68299_102.html>

Fontrodona, M.: «Kepa Acero, el hombre que no surfeó entre miles de pingüinos», *As*, 26 de septiembre de 2018, <https://as.com/deportes_accion/2017/10/24/agua/1508850200_674743.html>

García, C.: «Los niños de hoy tienen más autocontrol que hace 50 años», *El País*, 27 de junio de 2018. <https://elpais.com/elpais/2018/06/26/mamas_papas/1530005376_603087.html>

Gestionando hijos: «Frase Educativa: "No quiero que mis hijas sean felices" (Mar Romera)», <https://gestionandohijos.com/no-quiero-mis-hijas-sean-felices-mar-romera/>

Gilbert, T.: «Vaig ser un mal estudiant», *ARA*, suplemento «Criatures», 24 de enero de 2015, <https://criatures.ara.cat/mal-estudiant_0_1291070898.html>

González Reyes, M.: «¿Qué pongo en el examen: lo del libro de texto o lo que he aprendido?» *Ctxt*, 11 de septiembre de 2018, <https://

ctxt.es/es/20180905/Firmas/21583/educacion-contenidos-plane
ta-finito-trasgenicos-crecimiento-ilimitado.htm>

Juanico, N.: «La poesia LGBTQ no vol més armaris», *ARA*, 27 de octubre de 2018, <https://llegim.ara.cat/reportatges/poesia-LGBTQ-
vol-mes-armaris_0_2114188592.html>

La vecina rubia: «La vecina rubia a los jóvenes: "Por favor, no queráis
ser solamente influencers"», *El País Moda*, 9 de agosto de 2018,
<https://smoda.elpais.com/moda/la-vecina-rubia-a-los-jovenes-
por- favor-no-querais-ser-solo-influencers/>

Lagarriga, D. P.: «Aprendre els valors espirituals de la natura», *ARA*,
12 de noviembre de 2017, <https://www.ara.cat/estils/Apren
dre-valors-espirituals-natura_0_1905409444.html>

Loor, M., y Gutiérrez, T.: «Jo de gran vull ser youtuber», *ARA*, 21 de
enero de 2019, <https://www.ara.cat/estils_i_gent/gran-vull-you
tuber_0_2165783496.html>

Martí, B.: «Expertos 'millennials' y con millones de discípulos: los
veinteañeros que divulgan en YouTube», *El País*, 29 de octubre de
2018, <https://elpais.com/cultura/2018/10/28/actualidad/15407
56076_009278.html>

Martínez, E.: «El lobo que llevamos dentro», AEDA, septiembre
de 2018, <https://narracionoral.es/index.php/es/documentos/
articulos-y-entrevistas/articulos-seleccionados/1465-el-lobo-que-
llevamos-dentro>

Ordoño, A.: «Ride to the Roots: la vuelta a las raíces de Queralt Castellet», RedBull, 17 de enero de 2018, <https://www.redbull.com/
es-es/ride-to-the-roots-queralt-castellet- documental>

Sánchez, B.: «¿Por qué las empresas no encuentran talento joven si
esta es la generación mejor formada?», *El País*, 27 de febrero de
2019, <https://elpais.com/economia/2019/02/25/actualidad/155
1095911_149819.html>

Soler, Jaume; Comangla, Mercè, «Levantarse una y otra vez», en *La casa de las emociones: la culpa*, septiembre de 2015. <http://www.ecologiaemocional.org/assets/files/boletines/0915- Lafamilia-de-la-culpa.pdf>

The Guardian: «Phubbing: the war against anti-social phone use», 5 de agosto de 2013, <https://www.theguardian.com/technology/short cuts/2013/aug/05/ph ubbing-anti-social-phone-campaign>

Trias de Bes, F.: «L'ofici i la persona», *Ara*, 9 de septiembre de 2018, <https://www.ara.cat/opinio/ofici-persona_0_2085991384.html>

World Economic Forum: «The Future of Jobs Report 2018», *Reports*, Centre for the New Economy and Society, <http://reports.weforum.org/future-of-jobs-2018/?doing_wp_cron=1538833078.0655219 554901123046875>

Zuckerberg, M.: «Building Global Community», 16 febrero de 2017. <https://www.facebook.com/notes/mark-zuckerberg/building-global-community/10154544292806634/>

ENTREVISTAS

Entrevista de Francesc Orteu a Maria Mercè Conangla: «Què estic fent jo per créixer?», *ARA*, suplemento «Criatures», 5 de diciembre de 2015. <https://criatures.ara.cat/Que-fent-creixer_0_148005 1983.html>

Entrevista de Cristina Massons y Magda Galvez a Claudio Naranjo. Portal del Coaching, <http://portaldelcoaching.com/entrevista/claudio-naranjo/>

Entrevista de Gemma Ventura a Joan Manuel del Pozo: «L'educació no és l'entrenament per a la vida, ja és el partit», *Catorze*, noviembre de 2017, <https://www.catorze.cat/noticia/8156/joan/manuel/pozo/educacio/no/entrenament/vida/ja/partit>

Entrevista de Víctor-M. Amela a Iroise Dumontheil: «Sin la insensatez adolescente, nos habríamos extinguido», *La Vanguardia*, «La Con-

tra», 14 de mayo de 2012. <https://www.lavanguardia.com/lacon
tra/20120514/54292662136/iroise-dumontheil-sin-la-insensatez-
adolescente-nos-habriamos- extinguido.html>

Entrevista de Belén Toledo a Alberto Ibáñez: «Los hombres también
somos los interesados en feminizarnos y poder vivir mejor», Eldia-
riocv.es, 13 de agosto de 2017. <https://www.eldiario.es/cv/val/
politica/Els-homes-interessats-feminitzar-nos-manera_0_67438
2630.html>

Entrevista de Marta Borraz a Coral Herrera: «El poliamor no es la panacea porque el patriarcado se adapta a todo», Eldiario.es, 23 de
septiembre de 2018, <https://www.eldiario.es/sociedad/polia
mor-panacea-patriarcado- adapta_0_816819022.html>

Entrevista de Ima Sanchís a Andy Stalman: «Propongo ocho abrazos
de seis segundos por día», *La Vanguardia*, «La Contra», 12 de enero de 2018. <https://www.lavanguardia.com/lacontra/20180112/
434229809850/propongo-ocho-abrazos-de-seis-segundos-por-
dia.html>

Entrevista de Jordi Pérez a Manuel A. Hidalgo: «Las universidades no
potencian las habilidades que pedirá el mercado», *El País*, 21 de
septiembre de 2018. <https://elpais.com/tecnologia/2018/09/14/
actualidad/1536919951_06 9890.html>

Entrevista de Xantal Llavina a Jordi Jubany: «¿Cuánto tiempo dedica
tu familia a las pantallas?», *El Periódico*, 22 de marzo de 2016. <ht
tps://www.elperiodico.com/es/entrevistas-talento- digital/20160
322/jordi-jubany-tiempo-dedica-familia-tecnologia- 4996481>

Entrevista de Víctor-M. Amela a Jaume Funes: «Al adolescente le toca
ser un poco descerebrado», *La Vanguardia*, «La Contra», 12 de
septiembre de 2018. <https://www.lavanguardia.com/lacontra/
20180912/451774370085/al-adolescente-le-toca-ser-un-poco-
descerebrado.html>

Entrevista de Risto Mejide a El Rubius: «En España no apuesta nadie por los jóvenes», Antena 3, *El Rincón de Pensar*, junio de 2015. <ht tps://www.youtube.com/watch?v=xQ3Nikw-Jbg>

Entrevista de Ima Sanchís a Mercè Boada: «Yo busco la felicidad dentro de la infelicidad», *La Vanguardia*, «La Contra», 21 de noviembre de 2017. <https://www.lavanguardia.com/lacontra/20171121/4330 49357355/jo- busco-la-felicitat-dins-de-la-infelicitat.html>

Entrevista de Mariana Sánchez a Eva Bach: «Cómo educar hijos ado-lescentes», 11 de octubre de 2018, <https://www.youtube.com/ watch?v=dkHuGp9PUks&t=4s>

Entrevista de Eva Piquer a Judit Carrera: «Hem d'aprendre dels jo-ves», *Catorze*, 15 de febrero de 2019, <https://www.catorze.cat/ noticia/11987/judit/carrera/hem/aprendre/dels/joves>

Entrevista de Daniel Muela a Zenaida Alcalde: «Hoy en día no es más seguro estudiar una ingeniería que dedicarte al circo», *El País*, 12 de febrero de 2019, <https://elpais.com/ccaa/2019/02/07/ma drid/1549532338_335737.html>

VÍDEOS

8cho, YouTube: «Los 8 servicios más raros que puedes comprar por internet», junio de 2017. <https://www.youtube.com/watch?v=G ZohVFD4pGI&t=18s>

Bailey Parnell, TEDx RyersonU: «Is Social Media Hurting Your Men-tal Health?», junio de 2017, <https://www.youtube.com/wat ch?v=Czg_9C7gw0o>

DitchtheLabel, YouTube: «*Are You Living an Insta Lie?* Social Media Vs. Reality», febrero de 2017. <https://www.youtube.com/wat ch?v=0EFHbruKEmw>

Kepa Acero, Webisode 1: «Haz tus sueños realidad», marzo de 2015. <https://www.youtube.com/watch?v=hMW3Xc571xU&featu re=youtu.b e>

PewDiePie, YouTube: «Don't Be a Salad», mayo de 2013. <https://www.youtube.com/watch?v=lPsfBbqLq2s>

RedBull TV: «Ride to the Roots - Queralt Castellet», enero de 2018 (en español), <https://www.redbull.com/es-es/ride-to-the-roots-queralt-castellet-documental>

Rodney Mullen, TEDTalks: «Haz un 'ollie' y sé innovador», febrero de 2015, <https://www.ted.com/talks/rodney_mullen_pop_an_ollie_and_innovate?language=es>

Sarah-Jayne Blakemore, TED Global 2012: «The mysterious workings of the adolescent brain». <https://www.ted.com/talks/sarah_jayne_blakemore_the_mysterious_ workings_of_the_adolescent_brain>

Susan David, TED Woman 2017: «The gift and power of emotional courage»: <https://www.ted.com/talks/susan_david_the_gift_and_power_of_emo tional_courage>

The Tripletz, YouTube: «¿Y si tu hijo fuera gay?», octubre de 2017. <https://www.youtube.com/watch?v=hx2op8eq5Lc>

TV3, *Els Matins:* «Mòbils a classe o aules lliures de fils?», 13 de septiembre de 2018, <http://www.ccma.cat/tv3/alacarta/els-matins/mobils-a-classe-o-aules- lliures-de-telefons/video/5785716/>

Yordi Rosado, TEDx Coyoacán: «El cerebro de los adolescentes y ¿por qué actúan así?», abril de 2016, <https://www.youtube.com/watch?v=a1fdmXLSF-4>

DOCUMENTOS

Jordi Jubany y Liliana Arroyo: *Manifiesto per a una nueva cultura digital*, mayo de 2018, <https://manifestoculturadigital.wordpress.com/manifest-en-catala/>

UNESCOCAT: *Educación para los Objetivos de Desarrollo Sostenible.* <http://unescocat.org/wp-content/uploads/2018/02/Educaci%

C3%B3-per-al-Desenvolupament-Sostenible-Objectius-dapre
nentatge-CAT.pdf>

World Economic Forum: «The Future of Jobs Report 2018», Centre
for the New Economy and Society, <http://reports.weforum.org/
future-of-jobs-2018/?doing_wp_cron=1538833078.06552195549
01123046875>

REDES SOCIALES

Víctor Espiga: <https://www.facebook.com/victor.espiga>

Hugo Sáez: @Hugo_saez

REFERENCIAS WEB

Marramedia, agencia especializada en deportes de acción: <http://
marramedia.com/>

Agradecimientos

A nuestros padres, nuestros primeros y más amados influencers: Domènec y Sebi (Eva) y Manel y Antònia (Montse).

A nuestros maridos, José y Mario, por su apoyo, paciencia y amor.

A Núria Guerri, la tercera pata del taburete y la mejor asistente que podemos tener.

A Maru de Montserrat, a Rosa Bertrán y a todo el equipo de International Editors Barcelona, por atendernos en femenino, por confiar en nosotras e impulsar este proyecto desde el primer momento.

A Laura Álvarez y a todo el equipo editorial de Grijalbo y de Rosa dels Vents, con gran ilusión por este camino que comenzamos juntos y con inmensa gratitud por su apuesta por este libro.

A nuestros hijos, nuestros tesoros:

— A Marc y a su socio, Ander, periodistas de *Marramedia*, que nos han proporcionado valiosas experiencias de vida de jóvenes que son referentes en el ámbito de los deportes de acción.

– A Adrià, ambientólogo, que nos aportó conocimientos y precisiones muy valiosas sobre ecologismo y sostenibilidad.

– A Anna, estudiante de trabajo social, que nos ayudó a hacer las primeras encuestas y nos ha aportado su visión sobre algunos temas.

– A Clàudia, estudiante de diseño de interiores, que también nos ha ayudado con las encuestas y en la valoración de algunos capítulos.

A nuestras hermanas, Ester Bach y Anna Jiménez, porque están siempre ahí y nos han dado los primeros *feedbacks* de este libro.

A cuatro amigas que sentimos muy cerca y que nos acompañan en este sueño: Eva Bagur y Gemma Queral, los faros de las islas de Montse; Felisa Palacio y Mar Hurtado, los dos puertos de aguas plácidas de Eva. Y a una amiga en común, Gemma Ventura, por nuestras aventuras y ratos cerca del cielo. También por aceptar coprologar este libro y aportar en él su mirada lúcida, poética, vitalista y millennial.

Al gran maestro, amigo y referente Jaume Funes, por el honor que representa que haya aceptado coprologar este libro, por como quiere a los y las adolecentes, y por tanto que nos enseña y que aprendemos con él.

A Cristina Gutiérrez y a todo el equipo del Emotour (Jordi Amenós, Laia Casas...) y de la granja escuela de Santa María de Palautordera. Por las complicidades y las risas, y porque juntos llegamos más lejos.

A los más de 1.500 alumnos de varias escuelas y a sus profesores, que han formado parte del trabajo de campo:

- Centro de Estudios Montseny, de Barcelona
- Colegio Ramiro Izquierdo, de Castelló de la Plana
- Escuelas Pías, de Mataró
- Escuela Vedruna, de Palamós
- IES Ramon Coll y Rodara, de Lloret de Mar
- INS Salas i Xandri, de Sant Quirze del Vallès
- ES Josep Miquel Guàrdia, de Alayor, Menorca
- INS Vall del Llémena, de Sant Gregori
- Universitat Pompeu Fabra (Campus Júnior)
- Colegio Urkide Ikastetxea, de Vitoria-Gasteiz
- IES Ciudad de Coín, de Coín (Málaga)

A los siguientes docentes: Eva Bagur, Sònia Guilana, Jaume Feliu, Manel Trenchs, David Cano, Pep Trelis, Arantxa Martínez, Anna Miquel, Montse Martínez, Aina Mateu, Laura Carbó, Enric Masllorens, Lidón Blanch, Carolina Benedito, David Rodríguez Lema, Andreu Paneque, Antonio Morales..., por hacernos de enlace con sus centros.

A las jóvenes Núria Bosch y Anna Marcos, que han llevado el trabajo de campo a las conversaciones con sus grupos de amigos en Osona, Lérida y Extremadura.

A Pep Paunero, biólogo y docente de secundaria de Vedruna Catalunya, implicado en la educación para la sostenibilidad, que compartió con nosotros su saber en este ámbito.

A Andreu Paneque, politólogo y doctorando en Ciencias Políticas, miembro de la plataforma Politízate, por su ayuda, visión y sugerencia en algunos planteamientos sociológicos y de género.

A Cristina Pinto, que nos acogió tan cálidamente en Lloret de Mar y nos hizo sentir como en casa.

A Mario Mercader, por cuidarnos y dejarnos su despacho, donde hemos efectuado los últimos retoques de este libro.

A Anna Benaiges, actriz y estudiante de Educación Social, que ha puesto cara y voz al vídeo #HolaSoyTuMadre, que acompaña la conferencia basada en este libro que ofrecemos a madres, padres, educadoras y educadores.

A Mariano Ferrer y a la Asociación Sabina Blanca de Fraga. Por su trato y sus atenciones extraordinariamente amables, y porque este libro es fruto de una propuesta que estrenamos en Fraga.

A Òscar de Paula, profesor y miembro del equipo de investigación, innovación y desarrollo de FEDAC, y conocedor y experimentado en la gamificación como metodología de aprendizaje, por habernos gamificado algunas dinámicas de las que empleamos en las sesiones con adolescentes.

A nuestros maestros y a nuestros influencers comunes: todos los autores y autoras que citamos en el libro y a otros muchos que no citamos pero que también han abierto camino y nos han influido.

Al *guanajá*, el *manjari*, el *nyambo* y el *caraibe*, los cacaos que nos han alimentado el alma, y a los gin-tonics que lo han acompañado a altas horas de la madrugada, después de largas jornadas de trabajo.

A la sirena del barco del puerto de Palamós, que zarpó en el momento de acabar el primer borrador de este libro. A las tres libélulas que nos han visitado en tres momentos mágicos; la azul de Lladurs (la más insistente), la de Barcelona (la más increíble) y la de la Camarga (la más sorprendente).

AGRADECIMIENTOS DE EVA

A mis abuelos, bisabuelos y antepasados; a Jose, de nuevo, por tu amor y por el regalo que eres, también a tus padres y a los Sartorio-Lorenzo; a Sabina, Francesc, Queralt, Blai y Cèlia; a Imma, a David y a Aleix; a mi tío abuelo Juan, por su mano amiga cuando era adolescente y más la necesitaba; a Cecilia Martí, mi entrañable «hada madrina»; a Mercè y a Tjitske, dos tesoros; a mi cuñado Carles; a Jordi, padre de mis hijos, a Montse y a Luis, a todos los Fontrodona-Francolí; a Vicky; a mi madrina, a mis tías, tíos, primas y primos; a Rosa, a Jordi, a toda la familia Vilaseca y a todo el equipo de la escuela Joviat de Manresa; a Pere Darder y a Carles Capdevila, siempre; a Aure Ferran y a *ARA* «Criatures»; a Jordi Nadal y a Plataforma Editorial; a todo el equipo de Sgel; a Gestionando Hijos y a Leo F.; a mi grupo de Elche, a los de Balmes, a los Catalònics y al Shanga; a Maribel M. y a «les meues xiquetes del trio de cors»; a Maje; a Roser A., a Carmen N., a J. M. Marín y a J. M. Marín jr., a Joan R., a Maribel H., a Rosa G., a Bego, a Aroa y a Sandra; a todas y todos los que os he nombrado en otros libros y a los que no os he nombrado pero también llevo en el corazón; a mi público y a todas mis lectoras y lectores, que me ayudáis a mantener encendidas las ganas de aprender y la pasión por el trabajo.

A ti, Montse, una verdadera profe «3C», que lleva años educando a adolescentes con amor y pedagogía. Gracias por acompañarme en este sueño conjunto, para conseguir juntas que uno más uno sumen más de dos, por la metaconectividad y por la experiencia a pie de aula que aportas a este libro. Gracias también por las rosas perennes.

Agradecimientos de Montse

A Ritxi y a Nina Mercader, a Txell y Andreu, a mis suegros Josep Mercader y Maria Antònia Morenza, que me han enseñado que nunca es tarde para querer. A toda mi familia. Al grupo de «Sant Bartomeu» por tanta amistad compartida. A toda la comunidad educativa de Vedruna Catalunya Educació, de la escuela Vedruna de Ripoll y del centro Prats de la Carrera de Palafrugell. A todos los docentes con quienes he compartido formaciones y aprendizajes. A todos los alumnos y las alumnas, porque a su lado no he dejado nunca de aprender.

A Eva, mi gran faro. Gracias por la generosidad de dejarme ser parte de este libro. Gracias por los aprendizajes compartidos, por tantos años de conocimiento y experiencia y tan buen trabajo realizado con maestros y maestras, con familias y con jóvenes. Tu mirada, con un toque de «emohumanidad», ha engrandecido nuestro proyecto.

A la Eva amiga. ¡Gracias por tener un rinconcito de tu vida para mí!

Este libro nació en Sitges y se ha escrito entre Barcelona y Palamós, las ciudades donde vivimos; entre Manresa y Ripoll, las ciudades donde nacimos, y, algún trocito también, entre Lloret de Mar y el Delta del Ebro.